Prof. Dr. med. Martin Storr | Dr. med. Constanze Storr

FERMENTIEREN macht gesund

[Die antientzündliche Heilkraft fermentierter Lebensmittel

45 köstliche Rezepte – von Sauerteig bis Kimchi]

Inhalt

Theorie

Praxis

Ernährung

Service

Der regelmäßige Konsum fermentierter Lebensmittel schenkt uns Wohlbefinden und Gesundheit. Alterungsprozesse werden verlangsamt, die Vitalität nimmt zu.

PROF. MARTIN STORR

ist Facharzt für Innere Medizin und Gastroenterologie. Er befasst sich intensiv mit der Behandlung von funktionellen und entzündlichen Magen- und Darmerkrankungen. Seine erfolgreichen Ratgeber-Bücher beruhen auf seinen langjährigen Erfahrungen in Wissenschaft und Praxis.

DR. CONSTANZE STORR

ist Allgemeinmedizinerin. Ihr ganzheitlicher Therapieansatz schließt Ernährungs- und Entspannungsmaßnahmen, Stressreduktion und psychische Gesundheit ebenso ein wie Tipps zur Aktivitätssteigerung. Constanze Storr sagt: »Manchmal sind Medikamente erforderlich, oft lassen sie sich vermeiden.«

Schon wieder eine Diät, die Gesundheit und Schlanksein verspricht – und am Ende die Versprechen nicht halten kann? Nein! Die Fermento-Lebensweise beinhaltet eine Kostform, von der wir inzwischen wissen, dass sie gesundheitsfördernd ist und dabei das Körpergewicht günstig beeinflusst. Außerdem bringt sie nach aktuellem Forschungsstand Anti-Aging-Vorteile mit sich.

Wir geben Ihnen also kein Versprechen nach Bauchgefühl, sondern stellen Ihnen eine Kost vor, die auf wissenschaftlichen Daten gründet. Die Fermento-Ernährung erhält proaktiv Ihre Gesundheit, beugt Übergewicht vor und verlängert Ihre Lebenszeit!

Dabei beinhaltet die Fermento-Kost kein generelles oder spezifisches Heilsversprechen, und das wollen wir hier auch nicht behaupten. Bei manchen Erkrankungen wie Diabetes, Fettstoffwechselstörungen oder Adipositas sind spezielle Diäten notwendig, um das Krankheitsgeschehen günstig zu beeinflussen. Diese kann die Fermento-Ernährung nicht ersetzen. Sehen Sie fermentierte Lebensmittel vielmehr als Ergänzung Ihrer schon bestehenden Kost für mehr Vitalität, Genuss, Gesundheit und Lebensfreude!

Wenn Sie Lust haben, machen Sie Ihren Joghurt oder Ihr Sauerteigbrot einmal selbst, probieren Sie die Rezepte aus, die wir Ihnen ab *Seite 81* vorstellen, und erfahren Sie, warum Fermentiertes so gesund ist.

Fermentiert!

Fermentierte Lebensmittel gehören zum Ursprünglichsten, was Menschen konsumieren. Sie helfen uns, lange jung, fit und gesund zu bleiben.

Der Prozess

Studien belegen, dass eine Ernährung mit reichlich fermentierten Lebensmitteln Leben verlängern und relevante Gesundheitswirkungen mit sich bringen kann. Dabei geht es darum, vermehrt Fermentiertes zu essen, nicht darum, die Ernährung ausschließlich auf Fermentiertes umzustellen.

Lebensmittelfermentation

Doch was ist überhaupt Fermentation? Bei der Fermentation werden Nahrungsbestandteile durch mikrobielle Aktivität umgewandelt. Dabei ändern sich die Eigenschaften der Lebensmittel so, dass sie verträglicher und für die Gesundheit zuträglicher werden.
Ein gut nachvollziehbares Beispiel ist, dass Menschen mit einer Laktoseintoleranz das Ausgangsprodukt Milch aufgrund des Laktosegehalts nicht vertragen. Wohingegen das Fermentationsendprodukt Hartkäse, bei dem die Laktose nahezu vollständig fermentiert wurde, für sie gut verträglich ist. Ein anderes Beispiel ist Joghurt *(siehe Seite 12)*.

Diät oder Kostform?

Zum Verständnis: Der Begriff Diät wird in diesem Buch nicht im Sinne von Kalorienreduktion gebraucht, sondern beschreibt der griechischen Wortbedeutung nach eine Ernährungsweise, ja sogar Lebensweise (*griech: díaita – Erleichterung, Veränderung, Lebensführung*). Die Begriffe Fermento-Prinzip, -Kost oder -Lebensstil sind deshalb passender als der Begriff Diät, der Abnehmen suggeriert. Wenn Sie aufgrund einer Erkrankung eine spezielle Diät benötigen, ist hierfür ein Arzt der richtige Ansprechpartner.

VORAUSSETZUNGEN

Der Fermentationsprozess von Lebensmitteln benötigt ein Ausgangssubstrat (zum Beispiel Mehl für einen Teig oder Milch für Joghurt), geeignete Mikroorganismen und optimale Umgebungsbedingungen (Temperatur, pH-Wert, Sauerstoff, Flüssigkeitsgehalt). All dies muss exakt zusammenpassen, um ein Endprodukt von gewünschter Qualität zu bekommen. Zusätzlich wird die Fermentation durch Faktoren wie Zucker- und Nährstoffgehalt der Ausgangslebensmittel beeinflusst.

WELTWEIT VERBREITET

Heutzutage muss zwischen Haushaltsfermentation und industrieller Fermentation unterschieden werden *(siehe Seite 19)*. Beide Verfahren koexistieren weltweit.
In der westlichen Welt ist die Vielfalt fermentierter Lebensmittel allerdings eher überschaubar geworden, denn Fermentation war ursprünglich vor allem eine Methode der Haltbarmachung. Diesen Aspekt haben industrielle Herstellungsmethoden und Kühltechniken in den Hintergrund gedrängt. Erst aufgrund der neu erwachten Vorliebe für ursprünglichere Nahrungsmittel und der Wiederentdeckung der Gesundheitseffekte fermentierter Nahrung hat in den vergangenen Jahren auch bei uns das Interesse an der Fermentation wieder zugenommen.

Fermentationsmethoden

Die Fermentation von Lebensmitteln kann auf zahlreiche Arten stattfinden. Zwei Fermentationsweisen sind dabei die am häufigsten verwendeten:

- *die Fermentation mit Milchsäurebakterien, die sogenannte Milchsäuregärung*
- *und die Fermentation mithilfe von Hefen, die sogenannte alkoholische Gärung*

Weitere Gärweisen sind:

- *die alkalische Gärung*

PARADEBEISPIEL JOGHURT

Bei Joghurt ist nicht nur der durch Fermentation reduzierte Laktosegehalt für die Verträglichkeit entscheidend. Wichtig ist auch, dass die im Joghurt enthaltenen Bakterien das saure Milieu im Magen unbeschadet überstehen und im Darm das Enzym Galactosidase freisetzen. Dieses Enzym unterstützt die Verdauungsfunktionen, denn es kann im Darm Laktose spalten. Aus genau diesem Grund haben als bisher einzige Bakterien Lactobacillus delbrueckii subspecies bulgaricus und Streptococcus thermophilus, die als Starterkulturen bei der Joghurt-Herstellung eingesetzt werden, von der Europäischen Behörde für Lebensmittelsicherheit (EFSA) einen medizinischen Nutzen zugesprochen bekommen. Ein weiterer Mechanismus, der dazu beiträgt, dass Joghurt und andere fermentierte Milchprodukte gesundheitlich positive Wirkungen entfalten, ist, dass manche Laktobazillen, die in Milch enthaltene blutgefäßschützende Linolsäure anreichern. Dadurch enthält das fermentierte Produkt mehr gesundheitsfördernde Linolsäure. Darüber hinaus haben Laktobazillen proteolytische Fähigkeiten, das heißt, sie können Eiweiße abbauen. Mithilfe dieser sogenannten Proteolyse entstehen während der Fermentation unter anderem bioaktive Peptide. Studien konnten im Rattenmodell zeigen, dass durch bioaktive Peptide der Blutdruck gesenkt wurde.

~ *die Schimmelpilzfermentation*
~ *sowie Mischgärungen, die entweder zeitgleich oder hintereinander ablaufen können.*

Zu beachten ist, dass klinischen Studien folgend positive Gesundheitswirkungen vor allem milchsäurevergärenden Mikroben zugeschrieben werden. Aber auch die alkalische Gärung scheint positive Effekte zu haben.

VIELFALT DER ORGANISMEN

Bei der Fermentation von Lebensmitteln können kleine Änderungen in der Speziesdiversität (Artenvielfalt) der Mikroorganismen oder der Anzahl der verwendeten Spezies bemerkenswerte Unterschiede bei den Endprodukten und deren Qualität hervorrufen. Gut erkennbar ist dies beispielsweise an den vielen verschiedenen Geschmacksrichtungen, die bei der Herstellung von Naturjoghurt möglich sind.

Wichtig ist aus diesem Grund die gleichbleibende Stabilität in der mikrobiellen Zusammensetzung der für die Fermentation verwendeten Starterkulturen (Hefen, Bakterien, Mischkulturen, die den Fermentationsprozess in Gang setzen), vor allem wenn es darum geht, qualitativ konstant hochwertige Lebensmittel herzustellen. In der industriellen Herstellung werden daher standardisierte Starterkulturen verwendet, um die ideale Zusammensetzung und Reinheit der Kulturen zu gewährleisten *(siehe Seite 19)*.

Auch für die Fermentation daheim bieten sich Starterkulturen an. Für manche Fermentationsprozesse kann die Starterkultur aus dem vorhandenen Endprodukt entnommen werden, zum Beispiel dem Joghurt. Sie kann aber auch in Pulverform gekauft werden, denn nicht alle Fermentationsprodukte lassen sich endlos rekultivieren.

MILCHSÄUREGÄRUNG

Bei der Milchsäuregärung handelt es sich um Fermentationsprozesse, bei denen Milchsäurebakterien wie Laktobazillen und Bifidobakterien *(siehe Seite 14)* Glukose und andere Kohlenhydrate unter anderem zu Laktat, einem Salz der namensgebenden Milchsäure, abbauen. Wissenschaftlich wird die Milchsäuregärung in homofermentativ (Einfachzucker werden zu Laktat abgebaut) und heterofermentativ (hier entstehen außerdem Milchsäure, Essigsäure oder Alkohol) unterteilt. Bekannte Beispiele für Lebensmittel, die mithilfe der Milchsäuregärung hergestellt werden, sind:

~ *Sauerkraut*
~ *Kimchi und andere Gemüse*
~ *Joghurt und Käse*
~ *Würste*

HEFEGÄRUNG – ALKOHOLISCHE GÄRUNG

Hefen gehören zu den Pilzen. Für uns relevant sind die umgangssprachlich Zuckerhefen genannten Hefen. Im Fachjargon heißen sie Saccharomyces. Hier sind zum Backen und Bierbrauen die Saccharomyces cerevisiae wichtig. Bei der Hefegärung wird Zucker (Glukose) zu Alkohol und Kohlenstoffdioxid (CO_2) fermentiert, wenn kein Sauerstoff vorhanden ist. Denn Hefen sind fakultative Anaerobier, das heißt, sie arbeiten für ihre Energiegewinnung bevorzugt mit Sauerstoff, ist dieser nicht vorhanden, sind sie quasi gezwungen, alkoholische Gärung zu betreiben.

Während bei Abwesenheit von Sauerstoff (anaerob) die alkoholproduzierenden Gärungsprozesse führen, ist das bei Anwesenheit von Sauerstoff (aerob) nicht der Fall. Deshalb führt bei der Brot-Herstellung die CO_2-, also die Gas- und die Wasserproduktion. Je nach Ausgangsprodukt werden aber auch bei der Hefegärung alternative Gärwege beschritten, sodass Begleitalkohole wie Methanol und Butanol entstehen können. Beispiele für die Fermentation mithilfe von Hefen sind neben Backwaren:

- *alkoholische Getränke wie Bier und Wein*
- *Sojasoße*
- *Tempeh*

ÜBERSICHT: WESENTLICHE BAKTERIEN IM FERMENTATIONSPROZESS

BAKTERIENGATTUNG	ARTEN DIESER GATTUNG
Laktobazillen	Lactobacillus plantarum Lactobacillus delbrueckii subspecies bulgaricus Lactobacillus acidophilus
Streptokokken Enterokokken Lactokokken Pediokokken Leuconostoc	Streptococcus thermophilus Enterococcus faecium Lactococcus lactis Pediococcus cerevisiae und acidilaciti Leuconostoc mesenteroides
Bifidobakterien	Bifidobacterium bifidum Bifidobacterium lactis

KOMBINIERTE GÄRUNG

Oftmals werden Milchsäuregärung und die Fermentation mit Hefen kombiniert. Beispiele für solche durch Kombinationsgärung hergestellte Lebensmittel sind Kefir, der aus diesem Grund auch einen geringen Alkoholgehalt hat, und Kombucha, ein fermentierter Tee, der in China besonders beliebt ist. Bei solchen Mischgärungen entscheidet unter anderem die Temperatur über den führenden Gärungsprozess. Wird die Temperatur niedriger gewählt, führt die Hefegärung und das Produkt wird insgesamt milder schmecken, da weniger Milchsäure entsteht. Bei höherer Temperatur führt die Milchsäuregärung.

ALKALISCHE GÄRUNG

Bei der alkalischen Fermentation erbringen Mikroben (wie Bacillus subtilis), die auf Körnern, Samen und Knollen vorhanden sind, oder edle Schimmelpilze (wie Aspergillus-Arten) die Fermentationsleistung. Oftmals wird bei der alkalischen Fermentation Holzasche hinzugegeben, um die Alkalisierung des Substrats zu fördern. Beispiele für alkalische Fermentation sind:

- *Natto, ein japanisches Lebensmittel aus fermentierten Sojabohnen mit schleimiger Konsistenz (siehe Seite 42)*
- *Douchi, fermentierte und gesalzene schwarze Sojabohnen*

OBERGÄRIG – UNTERGÄRIG

Aus der Herstellung von Bier sind die Begriffe »obergärig« und »untergärig« bekannt. »Untergärig« heißt, dass die Hefen während des Brauens auf den Boden sinken. Diese Gärprozesse finden bei niedrigen Temperaturen von 5–10° Celsius statt und benötigen eine längere Gärzeit, weshalb die Biere als Lagerbiere bezeichnet werden. Die niedrige Gärtemperatur ist in Bezug auf Hygiene und das damit geringere Vorkommen von Schimmelpilzen vorteilhaft. Auch Pils oder Märzen sind untergärige Biere. »Obergärig« bedeutet hingegen, dass die Hefen während des Brauens in einem Gärgasschaum an der Oberfläche schwimmen. Diese Prozesse finden bei 15–20° Celsius statt und gehen schneller. Obergärige Fermentation ist anfälliger für Verunreinigungen, braucht aber keine Kühlung und ist aufgrund der schnelleren Gärung wirtschaftlich von Vorteil. Ein Beispiel dafür ist Weizenbier.

Wie der Name schon sagt, findet die alkalische Fermentation im basischen Bereich statt, ganz im Gegensatz zu den anderen Arten, die meist ein saures Milieu bevorzugen.

Nattokinase

Bei der Fermentation von Sojabohnen zum traditionellen japanischen Lebensmittel Natto entsteht Nattokinase. Es gibt Hinweise in der Petrischale (in vitro), dass Nattokinase bei der Auflösung von Blutgerinnseln helfen kann. Die 2017 veröffentlichte sogenannte Takayama-Studie aus Japan, für die mehr als 28 000 Menschen über 16 Jahre beobachtet wurden, gibt Hinweise darauf, dass die Zahl der Fälle von Tod durch Herz-Kreislauf-Erkrankungen sich bei einer Gruppe, die viermal so viel Natto zu sich nahm, verglichen mit denjenigen, die nur wenig Natto aßen, deutlich reduzierte.
Auch andere große Studien konnten vor allem bei Frauen diesen Zusammenhang zeigen. Im Reagenzglas fanden Wissenschaftler zudem heraus, dass die Nattokinase sogenannte Amyloide, die bei Alzheimerdemenz eine Rolle spielen, abbauen können.

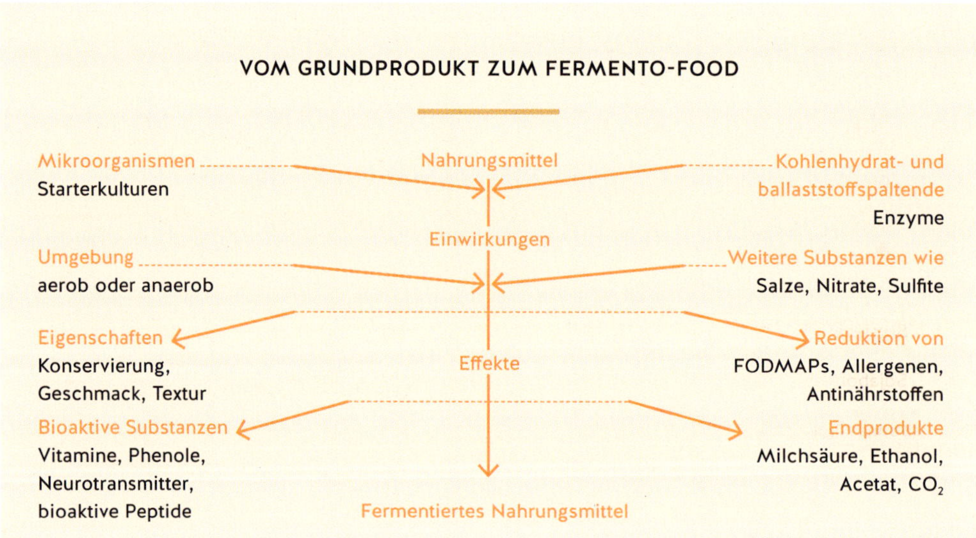

Durch mikrobielle Umwandlung entstehen gesunde und haltbare fermentierte Lebensmittel

Aus Trauben wird Wein

Mithilfe verschiedener Starterkulturen wird aus Lebensmitteln durch Fermentation etwas Neues. Viele der fermentierten Endprodukte kennen wir – oft ohne uns bewusst zu sein, dass es sich dabei um Fermentiertes handelt. Hier eine Übersicht:

AUSGANGS-PRODUKT	ENDPRODUKT	STARTERKULTUREN
Getreide	Bier	Hefen
Trauben	Wein	Hefen, Milchsäurebakterien
Getreide	Brot	Hefen, Milchsäurebakterien
Weißkohl	Sauerkraut	Milchsäurebakterien
Chinakohl und Rettich	Kimchi	Milchsäurebakterien
Milch	Joghurt	Milchsäurebakterien
Milch	Käse	Milchsäurebakterien, Hefen, Schimmelpilze
Milch	Kefir	Milchsäurebakterien, Hefen
Gemüse	eingelegtes Gemüse	Milchsäurebakterien
Gurken	Essiggurken	Milchsäurebakterien
Tofu	Feto	Milchsäurebakterien
Sojabohnen	Sojasoße	Schimmelpilze, Milchsäurebakterien
Sojabohnen	Natto	sporenbildende Bakterien
Sojabohnen (gekocht)	Tempeh	Schimmelpilze
Melonenkerne	Ogiri (Afrika)	sporenbildende Bakterien

Die Gründe

Bekömmlich, nährend, haltbar und köstlich – für die Fermentation von Lebensmitteln gibt es viele Gründe. Von der traditionellen Lebensmittelfermentation im Haushalt ist dabei die moderne industrielle Fermentation zu unterscheiden, die aber prinzipiell auf die gleichen Prozesse zurückgreift.

Fermentation in Haushalt und Industrie

Vorteilhaft bei der industriellen Fermentation ist vor allem die Verwendung von klar definierten Starterkulturen. Dies ist bei der traditionellen Haushaltsfermentation oft nicht gegeben, sodass hier die Starterkulturen häufig vermischt und unrein verwendet werden. Letztendlich kann man sich bei einer selbst hergestellten Starterkultur für Sauerteig *(siehe vordere Innenklappe)* auch nie sicher sein, welche Bakterien und Hefen nun gerade führend sind. Insbesondere wenn bei der Haushaltsfermentation Kulturen aus dem Endprodukt wiederverwertet werden, erhöht sich mit jeder erneuten Verwendung der Grad der Unreinheit.

GLEICHBLEIBENDE QUALITÄT

Bei der industriellen Fermentation sind all diese Prozesse in höherem Maße standardisiert und optimiert. Dadurch lassen sich Geschmack und Qualität vereinheitlichen, die Sicherheitsstandards erhöhen und der Fermentationsprozess wirtschaftlicher gestalten. Gerade auf Qualität und Sicherheit wird bei der industriellen Fermentation sehr geachtet, weil diese zum einen durch Verordnungen reguliert werden, und weil zum anderen das Verbrauchervertrauen von der Qualität des Endproduktes abhängt.

GUTE HALTBARKEIT

Ein Vorteil der Fermentation ist, dass es sich um eine biologische Konservierung handelt. Lebensmittel, die durch Fermentation produziert wurden, sind eine Zeit lang – manchmal sogar für Jahre – vor Kontaminationen und Verderben geschützt.
Wie wir gesehen haben, werden bei der Fermentation Zucker und andere Kohlenhydrate wie Stärke in Säuren oder Alkohol umgewandelt. Diese Säuren und der Alkohol bewirken, dass Mikroben, die zum Verderben der Lebensmittel führen würden, nicht überleben können. Neben den schützenden Säuren und dem Alkohol können beim Fermentationsprozess auch weitere antimikrobielle Endprodukte wie Bacteriocine *(siehe Seite 20)* entstehen. Auch diese Bacteriocine schützen vor dem Verderben durch andere Mikroorganismen wie Fäulnisbakterien.

Starterkulturen im Haushalt

Bei der Haushaltsherstellung von Joghurt *(siehe hintere Innenklappe)* sollte spätestens nach dem dritten Ansatz eine neue Starterkultur verwendet werden, um Verunreinigungen zum Beispiel durch Kahmhefe *(siehe Seite 72)* oder andere Pilze sowie Abweichungen in der Zusammensetzung der Mikroben zu vermeiden.

BACTERIOCINE

Bacteriocine sind natürliche Antibiotika, die von Bakterien produziert werden, um konkurrierende Stämme anderer Bakterien auszuschalten. Vor allem Milchsäurebakterien sind in diesem Zusammenhang gut untersucht, und man kennt heute mehr als 60 verschiedene Bacteriocine. Wie bei pharmazeutisch hergestellten Antibiotika gibt es auch Bacteriocine, die sehr breit wirken. Hier sei Nisin erwähnt, das vom Milchsäurebakterium Lactococcus lactis produziert wird und gegen eine Vielzahl anderer Bakterien wirkt. Nisin kämpft als natürliches Antibiotikum zumindest im Reagenzglas effektiv gegen den sogenannten Krankenhauskeim MRSA. Beim Menschen wird ihm eine Wirkung gegen Brustentzündungen durch Staphylokokken zugeschrieben. Nisin wird, wenn wir es mit Joghurt aufnehmen, im Darm schnell abgebaut. Das ist auch gut so, denn sonst würde es auch die guten Darmbakterien angreifen.

BESSERE OPTIK UND FUNKTION

Neben der Haltbarmachung gibt es weitere Aspekte, die für Fermentation sprechen. Hohe Wertschätzung genießen die Gärprozesse auch, weil sie zu einer verbesserten Organoleptik, also besserem Aussehen, Geruch, Geschmack und einer schöneren Farbe der Lebensmittel führen. Zunehmend wird außerdem verstanden, dass fermentierte Lebensmittel einen erhöhten Ernährungswert und bessere funktionelle Eigenschaften mit sich bringen. Vieles, gerade Pflanzliches, das wir konsumieren, wäre ohne vorgeschalteten Fermentationsprozess für uns gar nicht verwertbar oder sogar ungenießbar.

Mikroben – der Apfel fällt nicht weit vom Stamm

Viele Mikrobenarten, die man in fermentierten Lebensmitteln findet, sind identisch (oder physiologisch sehr ähnlich) mit gesundheitsfördernden Spezies in unserem Darm, auf unserer Haut oder in der Vulva. Um den Gattungen spezielle Effekte und Funktionen zuordnen zu können, benötigen wir Laborexperimente. Beispielsweise kann ein Käse, der mit Mikroben hergestellt wurde, die im Labor antientzündliches Potenzial aufweisen, Mäuse vor Darmentzündungen schützen. Hier scheint es auf die Gattung und nicht auf die spezifische Spezies anzu-

Fermentationsmikroben helfen, nicht Verwertbares verwertbar werden zu lassen und Ungenießbares genießbar.

kommen. Diese Beobachtung bedeutet Folgendes: Wenn Gesundheitswirkungen zum Beispiel für die Spezies Lactobacillus bulgaricus gezeigt werden, dann gelten diese für alle Vertreter der Gattung Laktobacillus. Eigenschaften innerhalb einer Gattung ähneln sich, und das kann man sich bei der Fermentation zunutze machen, denn viele Laktobazillen führen zu einem schmackhaften wenngleich nicht identischen Joghurt.

AUCH VERDERBEN IST MIKROBIELL

Wenn wir hier von Fermentation sprechen, geht es um den kontrollierten Vorgang. Nicht gemeint ist das mikrobielle Verderben von Lebensmitteln, das im Gegensatz zur gewollten Fermentation als unkontrollierte Fermentation abläuft. Gesundheitswirkungen sind von mikrobiell verdorbenen Lebensmitteln nicht zu erwarten, ganz im Gegenteil. Verdorbene Lebensmittel sind der Gesundheit abträglich, deshalb sollten wir auf Mindesthaltbarkeitsdatum und das eigene Bauchgefühl sowie unseren Geruchs- und Sehsinn setzen, denn vor allem Schimmelpilze sind zum großen Teil giftig und müssen mit Krankheiten wie zum Beispiel Leberkrebs in Zusammenhang gebracht werden.

Verunreinigungen unbedingt vermeiden

Dieses mikrobielle Verderben kann leider auch vorkommen, wenn ein gewollter Fermentationsprozess verunreinigt abläuft. Ist die Temperatur im Sommer zu hoch, waren die Küchengeräte nicht sauber oder war vielleicht schon das Ausgangsprodukt schlecht, kann dies zu einer Verunreinigung des Fermentationsprozesses führen. Und das bedeutet, dass andere Bakterien oder Pilze die nützlichen überwuchern und durch eigene Bacteriocine *(siehe Seite 20)* abtöten. Dies ist insbesondere bei der Herstellung von Kombucha *(siehe Seite 43)*, aber auch bei der Herstellung aller anderen fermentierten Lebensmittel zu beachten. In der medizinischen Fachliteratur gibt es zunehmend Berichte über unerwünschte Wirkungen nach dem Genuss von verunreinigtem Kombucha. Aus diesem Grund ist bei der Zubereitung von Kombucha eine einwandfreie Hygiene und das strenge Befolgen der Rezepte wichtig. Lieber noch einmal von vorne beginnen und sichtbar verschimmelte Lebensmittel verwerfen, als mit Erbrechen und Durchfall zu reagieren.

ANTIINFEKTIÖSE WIRKUNG

Antiinfektiös wirkt der Verzehr von fermentierten probiotischen Lebensmitteln allein schon durch die Besetzung des Lebensraums Darm mit guten Mikroben. Das ist wichtig, denn dort, wo sich eine nicht krank machende Mikrobe eingenistet hat, ist kein Platz mehr frei für eine andere, möglicherweise krank machende. Aus Tierversuchen wissen wir, dass manche milchsäurefermentierenden Mikroben die Zahl an Infektionen durch krank machende Keime reduzieren können. Diese schützenden Effekte bestehen beispielsweise gegenüber Salmonellen, Listerien und Escherichia coli. Bei Menschen sind derartige Infektionsstudien nicht durchführbar.

Joghurt schützt vor infektiöser Diarrhö

Positive antiinfektiöse Eigenschaften sind für den Menschen aber aus anderen Studien bekannt: So kann es bei Antibiotikaeinnahme zu infektiöser Diarrhö (Durchfall) kommen. Das Risiko dafür kann durch den Verzehr von probiotischen Joghurts reduziert werden. Daraus ergibt sich, dass die aus Tierversuchen gut belegte antiinfektiöse Wirkung der milchsäurefermentierenden Bakterien auch beim Menschen besteht. Für diesen antiinfektiösen Effekt sind mehrere Eigenschaften fermentierter Lebensmittel verantwortlich: Milchsäurebakterien schaffen eine saure Umgebung, die für andere, krank machende Keime ungünstig ist. Probiotische Mikroorganismen fördern die Bildung von Darmschleim, kräftigen die Darmbarriere und sondern extrazelluläre polymere Substanzen ab. Diese Faktoren verhindern ein Anheften krank machender Keime, sodass diese wieder ausgeschieden werden.
Eine der wichtigsten antiinfektiösen Eigenschaften hängt aber mit von probiotischen Mikroben gebildeten Bacteriocinen *(siehe Seite 20)* zusammen: Wie wir gesehen haben, dienen Bacteriocine dazu, den eigenen Lebensraum zu verteidigen. Ein cleverer Mechanismus von Bakterien, um sich gegenüber anderen zu behaupten. Und ein Mechanismus, der für uns Menschen gut ist, weil er die antiinfektiösen Wirkungen probiotischer Lebensmittel auslöst.

FERMENTATION MACHT LEBENSMITTEL ESSBAR

In manchen Fällen werden Lebensmittel, wie wir bereits gehört haben, auch erst durch den Fermentationsprozess genießbar. Dies wollen wir hier anhand des Beispiels Oliven noch einmal erklären: Oliven haben einen hohen Gehalt an bitter schmeckenden phenolischen sekundären Pflanzeninhaltsstoffen und sind daher unfermentiert nahezu un genießbar. Durch die Fermentation in einer Salzlake werden diese Bitterstoffe abgebaut, und die Olive wird zum Genuss.

Typisches Aroma

Auch Kakaobohnen wären ohne Fermentation ungenießbar. Kakaobohnen sind zunächst noch von Fruchtfleisch umgeben. Das Fruchtfleisch und auch die Keimlinge der Bohne müssen durch den Fermentationsprozess verflüssigt und abgetötet werden, damit das typische Kakaoaroma entsteht. Außerdem werden die Kakaobohnen so haltbar und lagerfähig gemacht. Bei der Fermentation von Kakaobohnen entsteht durch chemische Prozesse eine Temperatur von bis zu 50° Celsius. Die Farbe der Bohne ändert sich dabei von weiß zu braun. Auf größeren Plantagen werden Kakaobohnen mit standardisierten Starterkulturen geimpft, um Überraschungen zu vermeiden und ein gleichschmeckendes Produkt zu erhalten. Hauptsächlich sind auch hier wieder Milchsäurebakterien und Hefen beteiligt.

Brot-Herstellung

Ein weiteres Beispiel mikrobiellen Schmackhaftmachens ist die Brot-Herstellung. Dabei bewirkt Backhefe in Kombination mit Milchsäurebakterien eine Teigführung, die es ermöglicht, aus dem entstandenen Teig ein schmackhaftes Brot herzustellen. Jeder, der schon einmal länger in einem Land gelebt hat, in dem hauptsächlich Brote mit reiner Hefegärung oder Backtriebmitteln verzehrt werden, weiß, wie lecker nach langer Zeit ein Sauerteigbrot schmeckt. Auf der *vorderen Innenklappe* dieses Buches finden Sie Zubereitungstipps für Sauerteige und ein Brotrezept. Ein weiteres Rezept gibt es auf *Seite 79*.

WICHTIG FÜR DEN FERMENTO-LEBENSSTIL

Beim Fermento-Lebensstil geht es allerdings nicht vorrangig um die Aspekte Haltbarmachung oder Geschmacksoptimierung von Lebensmitteln. Vielmehr geht es darum, dass Lebensmittel durch die Fermentation Eigenschaften erhalten, die die Gesundheitswirkungen des Ausgangsprodukts übertreffen. In diesem Zusammenhang ist auch nicht zu vernachlässigen, dass das Selbermachen ein wichtiger Aspekt der mentalen Gesundheit ist. Etwas selbst herzustellen, das auch noch schmeckt, fördert das Vertrauen in die sogenannte Selbstwirksamkeit, was wiederum ein vor Depressionen schützender Faktor ist.

Die Mechanismen

Neben der Ihnen nun schon bekannten Fermentation von Zucker und Kohlenhydraten gibt es weitere Prozesse, die im Zusammenhang mit der Fermentation stehen und für die Gesundheitswirkung von Lebensmitteln wichtig sind. Mit ihnen werden wir uns jetzt näher beschäftigen.

Abbau von Antinährstoffen und FODMAPs

Vor allem Gemüse und Obst enthalten Stoffe, mit denen unser Körper nichts anfangen kann – besonders, wenn die Lebensmittel roh sind. Schlimmstenfalls kommt es bei übermäßigem Verzehr dieser Inhaltsstoffe sogar zu Vergiftungen. Als Beispiel seien hier Lectine angeführt, von denen über 500 verschiedene bekannt sind. In Pflanzen erfüllen sie die Aufgabe, diese vor Insekten, Schimmel oder anderen Erkrankungen zu schützen. Lectine findet man zum Beispiel in Kidneybohnen. Werden diese roh konsumiert, kommt es immer wieder zu Vergiftungserscheinungen wie Kopfschmerzen, Erbrechen, Durchfall und Gerinnungsstörungen durch die enthaltenen Lectine, insbesondere das Phytohämagglutinin. Kocht oder fermentiert man die Bohnen, werden diese Stoffe abgebaut, und das Lebensmittel wird genießbar.

FERMENTATION VERHINDERT ZINKMANGEL

Ein weiteres Beispiel dafür, dass Fermentationsprozesse toxische oder unerwünschte Lebensmittelinhaltsstoffe reduzieren, ist die Wirkungsweise der Phytinsäure, einem Stoff, der in Hülsenfrüchten und Getreiden enthalten ist. Auch Phytinsäure lässt sich der Gruppe der pflanzlichen Antinährstoffe *(siehe Seite 61)* zuordnen, da sie in Pflanzen Metall-Ionen, vor allem Phosphor, bindet. Derartig gebundene Metall-Ionen, neben Phosphor auch Kalzium, Zink und Eisen, stehen dem Körper dann nicht zur Verwertung zur Verfügung. Deshalb haben Menschen in Entwicklungsländern, deren Ernährung vor allem auf Getreidesorten mit sehr viel Phytinsäure basiert, oft einen Zinkmangel. Das Zink wird zwar in den Magen-Darm-Trakt aufgenommen, kann aber nicht verwertet werden.

Rückgang von Phytinsäure

Bei der Fermentation von Getreiden wird deren pH-Wert reduziert, und es entstehen vorteilhafte saure Bedingungen für die Mikroben. Dadurch wird das Enzym Phytase aktiviert, das den Antinährstoff Phytinsäure abbaut. Aus diesem Grund sind Brote, deren Teige mit einer langen Stehzeit von 12 oder sogar 24 Stunden hergestellt wurden, bekömmlicher und haben einen höheren Nährwert, denn hier kann der Phytinsäureabbau gründlicher erfolgen.

REDUZIERTER FODMAP-GEHALT

Ein solcher Abbau von für Verdauung und Verträglichkeit ungünstigen Bestandteilen durch die Fermentation ist auch für andere Inhaltstoffe unserer Nahrung nachweisbar. Gerade bei der Sauerteig-Fermentation und für verlängerte Fermentationszeiten bei

Hefeteigbroten ist beispielsweise belegt, dass auch der Gehalt an Fermentierbaren Oligo-, Di- und Monosacchariden und Polyolen (sogenannten FODMAPs) reduziert wird. Dies ist der individuellen Bekömmlichkeit zuträglich und beispielsweise für Menschen mit einem empfindlichen Reizdarm, die eine reduzierte Toleranz für FODMAPs aufweisen, vorteilhaft. Dadurch werden Brote für jedermann bekömmlicher und für Menschen, die an Reizdarm leiden, beschwerdefrei genießbar. Aus diesem Grund sind Lebensmittel mit einem reduzierten FODMAP-Gehalt in der Behandlungsleitlinie für das Reizdarmsyndrom als therapeutische Maßnahme empfohlen. Die FODMAP-Reduktion durch Fermentation ist dabei ein wichtiger Aspekt.

Bildung von Vitaminen

Vitamine sind lebensnotwendige Stoffe, die der menschliche Körper aber nicht selbst herstellen kann. Sie müssen von außen mit der Nahrung zugeführt werden. Bei einer ausgewogenen Ernährung wird der Körper mit allen benötigten Vitaminen versorgt, sodass Nahrungsergänzungsmittel überflüssig sind. Auch manche Bakterien, die bei der Fermentation zum Einsatz kommen, unterstützen die Versorgung mit Vitaminen. So produziert zum Beispiel Streptococcus thermophilus, der bei der Milchsäuregärung mitwirkt, das für die Blutbildung essenzielle Vitamin B_{12}. Jedoch produzieren nicht alle Bakterien, die Fermentationsprozesse anregen, Vitamine. Viele Laktobazillen verbrauchen sogar Vitamine, die dann dem Konsumenten nicht mehr zur Verfügung stehen.

KURZKETTIGE FETTSÄUREN FÜR DIE HORMONPRODUKTION

Bei der Fermentation entstehen aus Nahrungsfasern auch kurzkettige Fettsäuren (short fatty acids/SFCA) wie Propionat und Butyrat, die immunologische Funktionen und den Stoffwechsel vorteilhaft beeinflussen. Das liegt daran, dass diese Fettsäuren wichtige Stimulatoren für die Produktion von Botenstoffen (Neurotransmittern und Hormonen) sind. Unter den Neurotransmittern sind insbesondere Serotonin-Vorstufen und Serotonin, das zu 90 Prozent im Darm gebildet wird, beachtenswert. Serotonin wird oft als Glückshormon bezeichnet und kann, wenn ein Mangel besteht, mit Angstzuständen und Depressionen in Verbindung gebracht werden. Interessant sind Untersuchungen, in deren Rahmen bei Menschen mit Angstzuständen eine niedrigere Menge an Bifidobakterien im Stuhl gefunden wurde, als bei Menschen ohne Angstzuständen.Hier schließt sich ein bedeutsamer Kreis, denn bei Bifidobakterien handelt es sich um Mikroben, die gerade in fermentierten Milchprodukten reichlich enthalten sind, und andere Studien weisen darauf hin, dass der Verzehr von Joghurt und weiteren probiotischen Lebensmitteln Gefühle wie Angst und depressive Gedanken günstig beeinflussen kann. Daraus aber zu schließen, dass Angststörungen und affektive Störungen wie Depressionen allein durch einen vermehrten Verzehr von Joghurt zu lindern sind, wäre zu weit hergeholt und unwissenschaftlich.

PROBIOTIKA UND STUHLMIKROBIOM

Oftmals ist zu hören, dass die Einnahme von Probiotika als Nahrungsergänzungsmittel *(siehe Seite 29)* ebenfalls derartige vorteilhafte Veränderungen im Stuhlmikrobiom bewirken könne. Diese Darstellung entspricht aber nur teilweise dem Stand der Wissenschaft. Um das Darmmikrobiom positiv zu beeinflussen, bedarf es nicht einfach nur der Einnahme von Bakterien, sondern einer umfassenden Ernährungsumstellung, da neben dem Angebot an Mikroben auch die Umgebungsbedingungen im Darm wichtig sind. Während der Verzehr von fermentierten Lebensmitteln vielschichtig zu einem gesunden Darmmikrobiom beiträgt, ist das reine Supplementieren von Mikroben mittels Probiotika nachweislich ungeeignet, um nachhaltige Veränderung im Ökosystem Darmflora zu bewirken. Vermutlich sind aus diesem Grund, im Gegensatz zu fermentierten Lebensmitteln, für Probiotika günstige Effekte auf Herz-Kreislauf-Erkrankungen, Stoffwechselerkrankungen und Sterblichkeit nicht ausreichend belegt.

Auswirkungen auf das Körpergewicht

Ebenso konnte in Studien für reine Probiotika, etwa in Kapselform eingenommen, kein gewichtsreduzierender Effekt gezeigt werden. Nachgewiesen wurden aber Abnehmeffekte durch den regelmäßigen Verzehr von probiotischem Joghurt. Mehr dazu erfahren Sie auf den folgenden Seiten. Erklärende Metaanalysen kommen ergänzend zu dem Ergebnis, dass eine Mischung verschiedener probiotischer Mikroben, so wie sie in fermentierten Milchprodukten vorkommt, eine stärkere Wirkung hat als einzelne Bakterienspezies. Ein weiteres wichtiges Argument für eine Ernährung, die reich an frischen probiotischen fermentierten Lebensmitteln ist.

Durch den Verzehr von probiotischem Joghurt kann schon innerhalb von sechs Wochen eine Reduktion des Körperfettanteils und eine messbare Gewichtsreduktion erzielt werden, durch probiotische Keime in Kapseln nicht.

Probiotische Wirkung

Fermentierte Lebensmittel sind probiotische Lebensmittel, denn sie enthalten, sofern sie nicht speziell behandelt wurden, lebende Mikroben. Probiotische Lebensmittel stärken das Darmmikrobiom und das Immunsystem. Sie sind deshalb ein wichtiger Bestandteil einer gesunden Ernährung.

BEISPIEL SAUERKRAUT

Sauerkraut zum Beispiel ist im Prinzip also ein probiotisches Lebensmittel. Bei der industriellen Herstellung wird Sauerkraut allerdings vor der Abfüllung meist pasteurisiert. Damit ist es nicht mehr probiotisch, denn es enthält keine lebenden Keime mehr. Bei der Fermento-Kost ist es jedoch wichtig, dass auch lebende Keime enthalten sind. Kaufen Sie deshalb möglichst frisches Sauerkraut, das nicht pasteurisiert wurde.

STÄRKUNG DER DARMBARRIERE

Zu den probiotischen Wirkungen zählt unter anderem eine verbesserte Schleimproduktion in der Darmschleimhaut und dadurch eine Stärkung der Darmbarriere. Die Darmbarriere wird außerdem durch eine vermehrte Bildung sogenannter Tight Junctions unterstützt. Tight Junctions sind notwendige Strukturproteine der Darmschleimhaut, mit denen die Zellzwischenräume abgedichtet werden. Diese Effekte sind der Gesundheit sehr zuträglich, denn die Darmbarriere ist ein wichtiger Schutzschild im Körper. Durch probiotische Effekte werden zudem vermehrt die für die Darmgesundheit wichtigen kurzkettigen Fettsäuren (SFCA, *siehe Seite 26)* gebildet, lokale Entzündungsvorgänge reduziert sowie Vitamine und Neurotransmitter (Botenstoffe) im Gehirn hergestellt. Wichtig ist in diesem Zusammenhang, dass das Mikrobiom Einfluss auf die Stressachse des Körpers nimmt. Die Stressachse, genauer gesagt die HPA-Achse (Hypothalamus-Hypophysen-Nebennierenrinden-Achse), ist bei wichtigen Stressreaktionen des Körpers zentrale Schaltstelle. Störungen der HPA-Achse liegen bei Depressionen, Stoffwechselerkrankungen und dem Reizdarmsyndrom vor.

WIRKUNG BEGINNT IM MUND

Schon im Mund bildet sich bei der Nahrungsaufnahme ein Mikrobiom aus, das durch probiotische Lebensmittel verändert wird. Dieses Mundmikrobiom, das auch Einfluss auf Mund- und Zahngesundheit hat, kommt in Kontakt mit den Atemwegen, sodass auch die respiratorische Gesundheit durch fermentierte Lebensmittel beeinflusst wird. Die Forschungstätigkeit hierzu steckt allerdings noch in den Kinderschuhen. Am stärksten wirkt sich probiotische Ernährung aber auf das Mikrobiom-Immunsystem im Darm aus. Das Darm-Immunsystem steht mit nahezu jedem Organsystem des Körpers in Kontakt, also beispielsweise auch mit der Haut und dem Urogenitalsystem.

EINFLUSS AUF DAS DENKEN

Auch bei der Regulation von Denkfunktionen und psychischen Abläufen wird der Darmflora, die durch unsere Nahrungsauswahl wesentlich beeinflusst ist, eine zentrale Bedeutung zugeschrieben. Dieses Wissen erzeugt in manchen Menschen das Gefühl, unser Körper sei so eine Art funktioneller Zombie der Darmflora. Das ist selbstverständlich nicht der Fall, und nur ein geringer Teil aller Hirnfunktionen wird vom Darm und dem Darmmikrobiom mitreguliert. Spannend ist aber, wie Mikrobiom, Darm und andere Körperregionen über verschiedene Wege kommunizieren, viele davon werden erst nach und nach entdeckt. Diese Kommunikationswege werden unter dem Begriff Darm-Hirn-Achse *(siehe Seite 63)* zusammengefasst.

PROBIOTIKA

Wie bereits beschrieben, haben fermentierte Lebensmittel einen Gesundheitsnutzen, der über die gesundheitlichen Aspekte des Ausgangsproduktes hinausgeht. Aus entsprechenden Studien ergibt sich auch, dass die Gesundheitswirkungen für den Konsum von fermentierten Lebensmitteln in ihrer Gesamtheit belegt sind, nicht aber für den Konsum von einzelnen verkapselten Mikroben. Von den probiotischen Lebensmitteln abzugrenzen sind deshalb Probiotika.
Unter Probiotika werden Nahrungsergänzungsmittel verstanden, die einzelne Mikroben oder eine Mischung unterschiedlicher Mikroben enthalten, und denen gesundheitsfördernde Eigenschaften zugesprochen werden. Auch im Bereich der Probiotika gibt es umfangreiche Studien, denn einzelne Mikroben lassen sich experimentell gut auf ihre Eigenschaften und Wirkungen untersuchen. Diese Eigenschaften etwa im Hinblick auf Verdauungsbeschwerden werden dann oft als Gesundheitsclaim für Marketingzwecke verwendet, sind aber nicht zu verwechseln mit tatsächlichen Gesundheitseffekten, die nur bei den wenigsten dieser Mikroben für Menschen tatsächlich belegt sind. Für den Fermento-Lebensstil spielen probiotische Ergänzungsmittel deshalb keine Rolle.

Info

Laut WHO sollen die in Probiotika enthaltenen Mikroben zum Verzehr geeignet sein, lebend im Darm ankommen und belegte Wirkungen haben. Dies ist aber für viele Produkte nicht ausreichend nachzuweisen.

PRODUKTE MIT FERMENTATIONSMETABOLITEN

Auch für den Konsum von Nahrungsergänzungsmitteln, die Fermentationsmetabolite einzeln oder in Kombination enthalten, solche Produkte werden Post-Fermentate genannt, sind Gesundheitswirkungen und Anti-Aging-Effekte bislang nicht gezeigt. Hier wird dem Konsumenten ohne wissenschaftliche Grundlage zu einem hohen Preis viel versprochen, was nicht gehalten werden kann. Post-Fermentate werden meist aus einem fermentierten Produkt hergestellt und in Pulverform angeboten. Dieses Pulver kann fermentierende Mikroorganismen, Komponenten dieser Mikroorganismen, Kulturüberstände wie zum Beispiel Molke, fermentierte Substrate und eine große Bandbreite von Metaboliten und bioaktiven Bestandteilen enthalten. Es ist nicht auszuschließen, dass Post-Fermentate gesundheitliche Vorteile mit sich bringen, belegt ist das aber nicht. Auch Salzlake-Drinks *(siehe Seite 44)* sind streng genommen ein Beispiel für solche Post-Fermentate.

METABOLISCHE PEPTIDE UND POLYMERE SUBSTANZEN

Metabolische Peptide sind Eiweiße, die durch komplexe Stoffwechselvorgänge entstehen. In fermentierten Lebensmitteln sind unter anderem Valyl-Prolyl-Prolin (VPP) und Isoleucyl-Prolyl-Prolin (IPP) enthalten. Sie sind mitverantwortlich für die antihypertensiven Eigenschaften der Lebensmittel, helfen also beim Senken von Bluthochdruck.
Ein besonderes Augenmerk verdienen auch die von Mikroben gebildeten extrazellulären polymeren Substanzen (EPS), die von den Mikroorganismen an die Umgebung abgegeben werden und den Lebensraum der Mikroben prägen. Zu diesen Substanzen zählen Polysaccharide wie Alginat oder Cellulose, verschiedene Proteine/Eiweiße, Lipide/Fette, Phospholipide/phosphorhaltige Fette und Lipopolysaccharide/Fett-Zucker-Verbindungen (LPS). Welche EPS gebildet werden, hängt ab von der Art der Mikroben und den Umgebungsfaktoren, in denen die Mikroben leben, ist also ausgesprochen variabel. Aufgabe der EPS ist es, den eigenen Lebensraum vorteilhaft zu gestalten, sie haben aber auch Auswirkungen auf die weitere Umgebung.

Der Wunsch, mikrobielle Gesundheit ganz einfach in verkapselter Form einzunehmen, ist im Moment nicht erfüllbar. Und in Anbetracht des komplexen Zusammenspiels von Fermentationsprozessen und Gesundheitswirkungen ist er auch als unrealistisch anzusehen.

GESUNDHEITSWIRKUNGEN DURCH MILCHSÄUREGÄRUNG

Manche Milchsäurebakterien produzieren EPS, die beim Menschen antidiabetisch, cholesterinsenkend, antioxidativ und immunmodulatorisch wirken, also umfangreichen Anteil an den Gesundheitswirkungen haben. Zahlreiche Milchsäurebakterien produzieren darüber hinaus auch Enzyme, die in die Umgebung abgegeben werden, wie Amylase, Proteasen, Lipase und Glucoamylase. Sie unterstützen im Verdauungstrakt die Nahrungsmittelverwertung und verbessern dadurch die Nährstoffaufnahme.

Basis der Fermento-Lebensweise

Milchsäurebakterien (LAB) sind beispielsweise Laktobazillen, Lactokokken, Pediokkken und Streptokokken *(siehe Seite 14)*. Diese Bakterien sind für die Fermentationsart namensgebend, nicht die Tatsache, dass Milchprodukte vergärt werden. Denn es wird, wie wir gesehen haben, ja auch Sauerkraut durch Milchsäurebakterien fermentiert. Die Ausgangslebensmittel der Milchsäuregärung können neben Milchprodukten und Gemüse auch Fleisch, Getreideprodukte und viele weitere sein. Gerade für diese milchsäurefermentierten Lebensmittel sind aus klinischen Studien Gesundheitswirkungen bekannt. Das ist der Grund, weshalb sie die Basis des Fermento-Lebensstils bilden sollten.

Die am besten medizinisch belegten gesundheitlichen Effekte von milchsäurefermentierten Lebensmitteln sind:

- *Gewichtsreduktion*
- *Reduktion von Herz-Kreislauf-Erkrankungen*
- *Reduktion von metabolischen Erkrankungen, wie Typ-2-Diabetes*
- *Besserung der Stimmungslage*
- *Besserung der Denkfunktion*

Weiter Gesundheitswirkungen sind weniger gut belegt, werden aber oft berichtet. Dazu gehören:

- *Besserung der Symptome eines prämenstruellen Syndroms*
- *Verhindern von Gichtanfällen*
- *geringerer altersbedingter Verlust an Muskelmasse*
- *reduziertes Risiko für die Bildung von Nierensteinen*
- *verbesserte Zahngesundheit*

Was sind Metabolite?

Bei Stoffwechselabläufen, hierzu zählen auch Fermentationsprozesse, entstehen aus einem Ausgangssubstrat verschiedene Endsubstrate. Diese Stoffwechselendsubstrate werden Metabolite genannt, da sie sich durch Metabolismus, das heißt Verstoffwechslung, entwickeln. Fermentationsmetabolite sind zum Beispiel Vitamine und kurzkettige Fettsäuren.

Immunologische Effekte

Fermentierte Lebensmittel lösen stabile und reproduzierbare immunologische Effekte aus, die den Immunstatus unseres Körpers verbessern. Dadurch tragen sie zu Gesundheit und Jugendlichkeit bei.

WAS WIRKT?

Die gesundheitlichen Wirkungen fermentierter Lebensmittel können prinzipiell unterteilt werden in:

- *Wirkung durch die Mikroben*
- *probiotische Effekte der Mikroben im Darm*
- *und Gesundheitswirkungen von vorteilhaften Metaboliten und bioaktiven Substanzen, die von den Mikroben bei der Fermentation gebildet wurden*

Zudem sind auch schon die Ausgangslebensmittel, vor allem Pflanzliches und Milchprodukte, dank der Zusammensetzung ihrer Inhaltsstoffe meist gesundheitsfördernd.

Unter »Anti-Aging« verstehen wir nicht, dass man weniger Falten hat, sondern dass Alterungsprozesse im gesamten Körper günstig beeinflusst werden.

Diese immunologischen Effekte werden vor allem durch die positive Beeinflussung des Ökosystems Darmflora, durch eine Steigerung der mikrobiellen Diversität und durch eine gesündere Zusammensetzung des Mikrobioms hervorgerufen *(siehe Seite 59)*.
Die lebenden Mikroben fermentierter Lebensmittel treten mit unserem Immunsystem in Kontakt *(siehe probiotische Wirkung Seite 28)* und bereiten so den Boden für die immunologischen Effekte.
Das Beeindruckende an den immunologischen Effekten fermentierter Lebensmittel ist, dass in wissenschaftlichen Studien nicht ein oder zwei von vielen untersuchten Immunmarkern durch Fermentiertes positiv verändert wurden, sondern dass bei mehreren Biomarkern substanzielle Veränderungen nachgewiesen werden konnten.
Diese immunologischen Effekte, die durch den Verzehr probiotischer Lebensmittel hervorgerufen werden, schützen den Körper vor Infektionen sowie Entzündungen und tragen dadurch zu erhöhter Gesundheit bei.

ABWEHR VON KEIMEN

Immunologische Wirkungen werden durch eine Vielzahl von Mechanismen erzielt. Ein ausgesprochen spannender Mechanismus ist die Veränderung der Rezeptorexpression (Signalaufnahme) bei Immunzellen, die durch probiotische Mikroben verursacht wird. Ein Beispiel für diesen Mechanismus ist, dass durch Milchsäurebakterien günstiger Einfluss auf die Expression von Toll-like-Rezeptoren (TLR2 und TLR4) genommen wird. Diese Toll-like-Rezeptoren sind Bestandteil der angeborenen körpereigenen Immunabwehr und finden sich unter anderem auch in der Darmwand. Toll-like-Rezeptoren regulieren in unseren Immunzellen die Erkennung von körpereigen und fremd und sind daher essenziell für das Identifizieren fremder Mikroben, also wichtig für die Abwehr eindringender und krank machender Keime. Milchsäurebakterien können diese Rezeptorexpression steigern, was wiederum unserem Immunsystem bei der Abwehrarbeit hilft. Noch ist aber völlig unklar, wie die Bakterien diesen Einfluss ausüben.

TOLL-LIKE-REZEPTOREN

Toll-like-Rezeptoren sind komplexe Proteine, mit denen die Zellen unseres Immunsystems Krankheitserreger erkennen. Der Begriff »Toll like« rührt daher, dass diese Rezeptoren einem Protein ähneln, das die deutsche Biologin und Nobelpreisträgerin Christiane Nüsslein-Volhard entdeckt hat. Als sie das neuartige Protein zusammen mit einem Kollegen unter dem Mikroskop erkannte, riefen beide aus »das ist ja toll«. Dadurch war der Name »toll-artige« (engl. toll-like) Rezeptoren für diese Rezeptorgruppe geboren.

Gleiche Art, unterschiedliche Wirkung

Wir wissen, dass bei Milchsäurebakterien verschiedene Stämme der gleichen Art, beispielsweise Lactobacillus plantarum Stamm CCFM634 und Lactobacillus plantarum Stamm CCFM734 die Toll-like-Rezeptoren sehr unterschiedlich beeinflussen, sodass Hoffnung besteht, hier einen Schlüssel gefunden zu haben, der uns in Zukunft ermöglicht, einzelnen Mikroben umfangreichere oder aber geringere Gesundheitswirkungen zuzuschreiben. Ähnliche stammspezifische Wirkungen fanden sich auch für Stämme anderer Milchsäurebakterien, die bei der

Eine schöne Vorstellung, dass künftig Sauerkraut mit dem am besten immunstimulierenden Stamm von Lactobacillus plantarum fermentiert werden könnte. Das wäre Gesundheit vom Fass, aber bis dahin ist es noch ein weiter Weg.

Lebensmittelfermentation verwendet werden, wie für Lactobacillus fermentum und Streptococcus thermophilus. Auf welchem Weg Mikroben die Immunstimulation im Detail bewirken, ist Gegenstand aktueller Studien: Eine Erklärung könnte sein, dass die Freisetzung von immunmodulierenden Botenstoffen angeregt wird.

Immunmodulierende Botenstoffe

Diese Botenstoffe werden Zytokine genannt und tatsächlich können Mikroben stammspezifisch die Freisetzung von Zytokinen wie dem entzündungsbegrenzenden Interleukin-10 oder dem entzündungsfördernden Interleukin-6 beeinflussen. Interleukine spielen eine Rolle bei chronischen Entzündungen *(siehe Seite 58)*. Sie werden bis auf das Interleukin-6 aber nicht routinemäßig mit den Blutwerten bei Laboruntersuchungen bestimmt.

Wunderwaffe Spermidin

Da dem Fermento-Inhaltsstoff Spermidin Anti-Aging-Effekte zugeschrieben werden, wollen wir uns nun auch mit diesem Stoff ausführlich beschäftigen. Spermidin wurde 1632 in der menschlichen Samenflüssigkeit entdeckt. Erst später stellte sich heraus, dass es sich bei Spermidin um ein Polyamin handelt, das einen Selbstreinigungsprozess, die sogenannte Autophagie, im gesamten Körper kontrolliert. Bei der Autophagie wird Zellschutt abgebaut. Sie kann als eine Art Recyclingprozess verstanden werden, bei dem der Körper geschädigte, alte oder überflüssige Zellkomponenten wie Fette, Proteine und Organellen aussortiert und die Bausteine anschließend wiederverwertet oder ausscheidet. Ausgelöst wird die Autophagie durch Spermidin, körperliche Betätigung

Spermidin in der Fermento-Kost

Spermidin kommt in verschiedenen Lebensmitteln vor und kann zusätzlich durch Fermentation entstehen. Kimchi, Sauerkraut, Tempeh und Natto sind sehr spermidinreich. Das liegt daran, dass schon die Ausgangsprodukte Kohl und Sojabohnen einen sehr hohen Gehalt an Spermidin aufweisen, der durch die Fermentation noch erhöht wird.

oder durch Nahrungsentzug/Fasten. Findet keine ausreichende Autophagie statt, altern die Zellen und damit der Körper. Dem kann mit Spermidin aus fermentierten Lebensmitteln entgegengewirkt werden. Fermento ist folglich kostengünstiges Anti-Aging.
Die Ablagerung von Zellmüll kann auch mit verschiedenen Alterserkrankungen wie Demenz, Parkinson und Diabetes in Zusammenhang gebracht werden. Dies macht deutlich, wie wichtig eine gut funktionierende Autophagie für den Erhalt der Gesundheit ist. Permanente Nahrungsaufnahme und Zellverfettung reduzieren die physiologische Autophagie, weil die Zellen dann im Übermaß Nährstoffe zur Verfügung haben und auf ein Recycling vorhandener Ressourcen nicht angewiesen sind. Fasten hingegen fördert die Autophagie. Diese Hungerautophagie ist auch ein Grund, weshalb bestimmten Formen des Intervallfastens zellregenerative Funktionen zugeschrieben werden.

AUTOPHAGIE - ZELLULÄRE MÜLLABFUHR

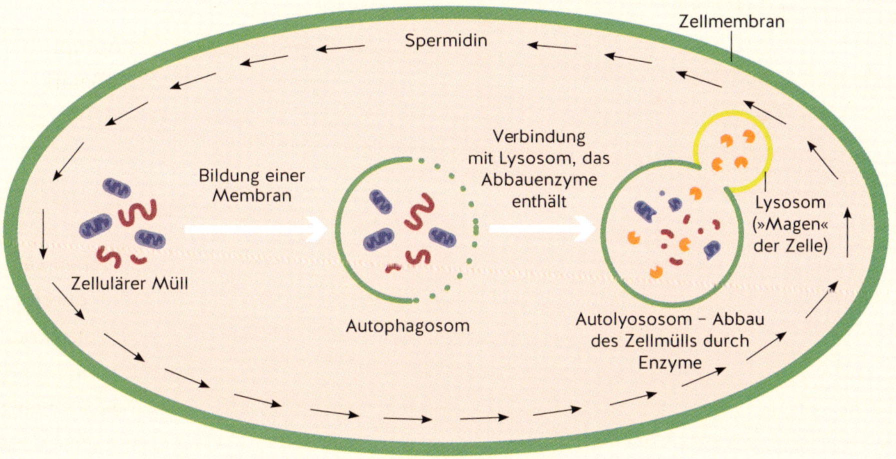

Anti-Aging-Programm: Spermidin kurbelt in den Zellen den Autophagiezyklus an

WIRKUNG AUF KREBSZELLEN?

In Laboruntersuchungen konnte Spermidin sogar das Wachstum von Krebszellen reduzieren. Ein solcher Effekt ist am Menschen noch nicht belegt. Bekannt ist aber, dass eine höhere Spermidinaufnahme mit einer geringeren Gefahr, an einer Krebserkrankungen zu sterben, einhergeht. Ob die geringere Sterblichkeit der generellen Gesundheitswirkung von Spermidin oder einem reduzierten Wachstum von Krebszellen zuzuschreiben ist, bleibt noch offen. Aufgrund der Autophagiesteigerung ist eine Wirkung auf die Zellen aber gut vorstellbar.

EINFLUSS AUF LEBENSALTER UND GEHIRN

Der Überlebensvorteil durch Spermidin kann, epidemiologischen Studien folgend, bei täglicher Spermidinaufnahme bis zu fünf Jahre betragen. Interessant ist auch, dass die Denkfähigkeit von Menschen mit einer Demenz durch Spermidin verbessert wird. Das Polyamin wirkt im Organismus zusätzlich antiinflammatorisch sowie antioxidativ und unterstützt zudem die Stoffwechselfunktion von Zellorganellen wie den für die Energiegewinnung wichtigen Mitochondrien. Gut belegt ist auch, dass eine Ernährung, die reich an Spermidin ist, das Risiko für Herz-Kreislauf-Erkrankungen reduzieren kann.

SPERMIDINQUELLEN

Im Körper stammt Spermidin im Wesentlichen aus drei Quellen. Zum einen kann es von Körperzellen gebildet werden, hierauf haben wir keinen Einfluss. Zum anderen wird es aus der Nahrung *(siehe Seite 34)* in den Körper aufgenommen oder von Mikroben einer gesunden Darmflora gebildet. Diese beiden Spermidinquellen können wir beeinflussen. Außer in fermentierten Lebensmitteln findet man Spermidin auch reichlich in Weizenkeimlingen, Soja, Pilzen, Nüssen, Äpfeln und in Brokkoli.

FAZIT

In Zusammenschau führt Spermidin durch die Aktivierung der Autophagie, durch die Reduktion entzündlicher Botenstoffe und durch antioxidative Eigenschaften zur Verbesserung der Organfunktionen und zur Reduktion von Alterungsprozessen.

Selbstreinigung durch Phagozytose

Neben der Autophagie, die die Selbstreinigung von Zellen beschreibt, gibt es einen weiteren Reinigungsmechanismus unseres Körpers, die Phagozytose. Dabei werden von speziellen Aufräumzellen, den Phagozyten, Substanzen oder Strukturen, die sich außerhalb von Zellen befinden, also Fremdmaterial, »aufgeräumt«. Auch dieser Prozess dient der Gesundheit und verlangsamt Alterungsvorgänge. Fermentierte Lebensmittel beeinflussen die Phagozytose positiv.

Inzwischen wissen wir, dass Abwehrmechanismen wie die Phagozytose auch durch andere Milchsäurebakterien aktiviert werden, sodass Lactobacillus bulgaricus seine Einzigartigkeit, nicht aber seine Liebhaber verloren hat.

LACTOBACILLUS BULGARICUS

Vor 100 Jahren beschäftigte man sich wissenschaftlich mit der Frage, wieso Menschen in einigen Dörfern Bulgariens eine besonders hohe Lebenserwartung haben. Dabei wurden die Forscher auf das Milchsäurebakterium Lactobacillus bulgaricus (Lactobacillus delbrueckii subspecies bulgaricus) aufmerksam. Mit diesem Bakterium wird Milch zu Joghurt fermentiert. Joghurt als Lebensmittel war in Bulgarien und Griechenland zu dieser Zeit weit verbreitet. In anderen Ländern, gerade in Westeuropa, aber unbekannt.

Joghurt für ein langes Leben

Dem Joghurt-Bakterium, das in Bulgarien zur Joghurt-Herstellung verwendet wird, wurden schon früh vorteilhafte Effekte auf Alterungsprozesse zugeschrieben. Ein Grund dafür ist, dass Lactobacillus bulgaricus Phagozyten und die damit verbundenen Reinigungsprozesse aktiviert: Für diese Beobachtung wurde der russische Bakteriologe Ilja Iljitsch Metschnikow 1908 mit dem Nobelpreis geehrt. Metschnikow haben wir grundlegende Erkenntnisse zur Wirkung von Milchsäurebakterien, vor allem aus Joghurt, Kefir und Sauermilch auf Entzündungsvorgänge und Alterungsprozesse zu verdanken.

Die Produkte

Fermentierte Lebensmittel bereichern unseren Speiseplan mit einem Plus an Geschmack, Vielfalt und Gesundheit. Grund genug zuzugreifen und aus der Vielzahl fermentierter Produkte die auszuwählen, die am besten zu den eigenen Ernährungswünschen passen. Rezeptideen finden Sie ab *Seite 81*.

Die Vielfalt fermentierter Lebensmittel

Fisch, Fleisch, Getreide, Milchprodukte und natürlich Obst und Gemüse – Fermentation spielt in fast allen Bereichen der Lebensmittelpallette eine Rolle.

MILCHPRODUKTE

Bei der Fermentation von Milchprodukten kommen zumeist Milchsäurebakterien und Hefen entweder einzeln oder in Kombination zum Einsatz. Verwendete Milchsäurebakterien sind insbesondere Lactobacillus, Lactococcus, Bifidobakterien, Streptococcus, Leuconostoc und Pediococcus *(siehe Seite 15)*. Nachgewiesen sind folgende positive Gesundheitswirkungen::

- *antioxidative Wirkung – verlangsamt den Alterungsprozess*
- *antihypertensive Wirkung – senkt den Blutdruck*
- *antidiabetische Wirkung – senkt den Blutzucker*
- *antiallergische Wirkung – bekämpft Allergien*
- *probiotische Wirkungen – stärkt das Gleichgewicht im Mikrobiom (Gesamtheit aller Mikroorganismen, die den Menschen besiedeln)*

Zudem sind milchsäurefermentierte Produkte sehr vitaminreich. Sie enthalten vor allem viel Folsäure (Vitamin B_9), Vitamin K und Riboflavin (Vitamin B_2).

Hilfe bei Laktoseintoleranz

Eine Besserung der Laktoseintoleranz wird verschiedenen durch Laktobazillen fermentierten Lebensmitteln zugeschrieben. Besonders hilfreich ist Joghurt aus Eselsmilch, die mit Lactobacillus acidophilus und Lactobacillus casei fermentiert wurde. Leider ist er aber teuer und nur schwer erhältlich.

GETREIDEPRODUKTE

Getreideprodukte sind eine wichtige Quelle für Kohlenhydrate, Proteine, Ballaststoffe, Vitamine und Mineralstoffe. Die Zusammensetzung kann durch Fermentationsprozesse substanziell verbessert werden. Brot ist das am weitesten verbreitete getreidebasierte Fermentationsprodukt. Bei der Herstellung kommen Hefen der Spezies Saccharomyces (Bäckerhefe), die eine alkoholische Gärung betreiben, oder Mischkulturen aus Hefen, Bakterien und Pilzen, die zeitgleich oder sequentiell den Teig fermentieren, zum Einsatz. Ersten Hinweisen zufolge liegen folgende Gesundheitswirkungen vor:

- *antioxidative Wirkung – verlangsamt den Alterungsprozess*
- *antihypertensive Wirkung – senkt den Blutdruck*
- *antidiabetische Wirkung – senkt den Blutzucker*
- *FODMAP-reduzierende Wirkung – sorgt für mehr Bekömmlichkeit (siehe Seite 25)*

OBST UND GEMÜSE

Fermentierte Obst- und Gemüselebensmittel sowie fermentierte Getränke sind in der asiatischen Welt weiter verbreitet als in der westlichen. Fermentation wird dort im Wesentlichen eingesetzt, um die Lagerfähigkeit zu erhöhen und den Geschmack, Stichwort umami, zu verbessern. Bei uns wird Gemüse hingegen vor allem durch Pasteurisieren, das heißt Erhitzen auf mindestens 72 °C haltbar gemacht. Die Nährstoffverluste sind dabei nicht so groß wie früher angenommen, allerdings wird Gemüse und Obst aus der Dose oft sehr viel Zucker und Salz zugesetzt, sodass die gesundheitlichen Vorteile wieder verringert werden. Gerade für fermentierte Gemüse sind Gesundheitseffekte und Anti-Aging-Potenzial gut belegt. Im Vergleich zum Ausgangsprodukt haben fermentiertes Obst und Gemüse folgende Gesundheitsvorteile:

- *vermehrte antioxidative Wirkung – verlangsamt den Alterungsprozess*
- *höherer Vitamingehalt*

Derzeit wird auch untersucht, inwieweit fermentierte Obst- und Gemüsesäfte vergleichbar mit fermentierten Milchprodukten sind, da vor allem in der westlichen Welt, Kefir und Trinkjoghurt als trinkbare Probiotika beliebt sind, um dem Darmmikrobiom etwas Gutes zu tun.

Der Anteil der Menschen mit Laktoseintoleranz liegt in der westlichen Bevölkerung bei 5–15 Prozent. Deshalb ist es sinnvoll zu untersuchen, ob trinkbare fermentierte Milchprodukte durch fermentierten Gemüsesaft ersetzt werden können.

SCHWARZE GERSTE

Erwähnenswert sind in diesem Zusammenhang Untersuchungen chinesischer Wissenschaftler an Mäusen, die über mehrere Wochen Zigarettenrauch ausgesetzt wurden. Zugleich wurden sie mit in Asien und Afrika verbreiteter fermentierter schwarzer Gerste gefüttert. Die Wissenschaftler konnten zeigen, dass sich sowohl die durch den Zigarettenrauch ausgelösten Entzündungsreaktionen in der Lunge und in den Hoden als auch das Darmmikrobiom deutlich verbesserten.

FLEISCH UND FISCH

Ernährungsrichtlinien empfehlen insgesamt eine Reduktion des Fleischkonsums, sodass auch mit fermentierten Fleisch- und Wurstwaren ein sorgfältiger Umgang gepflegt werden sollte. Trocken fermentierte Wurstwaren wie Salami und roher Schinken sind vor allem in der westlichen Ernährung etabliert.

Haltbarkeit & Geschmack

Fermentation wird bei Fleisch und Wurst zur Erhöhung der Haltbarkeit und zur Verbesserung des Geschmacks eingesetzt. Dabei entstehen unter anderem bioaktive Peptide mit antioxidativen Wirkungen, vor allem wenn bei der Fermentation Milchsäurebakterien oder Bifidobakterien zum Einsatz kommen. Für die Fermentation von Fisch durch Staphylococcus ist belegt, dass freie Fettsäuren, insbesondere die gesundheitlich günstigen mehrfach ungesättigten Fettsäuren (PUFA), entstehen. Beispiele für fermentierten Fisch sind Stockfisch (luftgetrocknet) oder Klippfisch (gesalzen und luftgetrocknet), die bei Trocknung fermentiert und so haltbar gemacht werden. Gerade auch bei fermentierten Fischsoßen entstehen zudem Metabolite, die die fünfte Geschmacksrichtung umami transportieren. Metabolite wie Vitamine oder kurzkettige Fettsäuren können direkt Einfluss auf unsere Gesundheit nehmen oder auch als Botenstoffe aktiv sein.

EXKURS: ERHITZEN & HYGIENE

Zahlreiche fermentierte Lebensmittel und Getränke werden nach der Herstellung weiterverarbeitet. Oft geschieht dies, um die Haltbarkeit zu erhöhen und eine Aufbewahrung außerhalb des Kühlschranks zu ermöglichen. Verfahren wie Pasteurisierung oder Abkochen/Sterilisieren töten jedoch Mikroorganismen ab. Lebensmittel wie Joghurt, Käse, Kefir und Kimchi hingegen enthalten zum Zeitpunkt des Konsums große Mengen an lebenden Mikroben. Einige dieser Mikroben werden zwar nach dem Verzehr durch die Magensäure abgetötet, dennoch gelangt ein großer Teil auch in die tieferen Regionen des Verdauungstraktes.

Ausgleich übertriebener Hygiene

Vonseiten der Wissenschaft werden eine übertriebene Hygiene und reduzierte mikrobielle Kontakte kritisch gesehen und teilweise für das Entstehen von Krankheiten wie Allergien verantwortlich gemacht. Denn eine normale Entwicklung des Immunsystems und der Nervenfunktionen setzt eine mikrobielle Exposition voraus. Auch aus diesem Grund ist die Steigerung des Konsums von fermentierten Lebensmitteln positiv zu sehen, da die Fermento-Lebensweise indirekt dem hygienisch und mikrobiell scheinbar einwandfreien Lebensstil und der industrialisierten Ernährung entgegensteht.

SOJA, EIN BESONDERES LEBENSMITTEL

Sojaprodukte enthalten reichlich Proteine, Vitamine, Mineralien, Ballaststoffe und nur wenig gesättigte Fette. Aus diesem Grund hat Soja positive Gesundheitswirkungen insbesondere auf den Fettstoffwechsel und die Knochenmasse. Zahlreiche Sojaprodukte werden durch Fermentation, vor allem durch Bacillus subtilis und Aspergillus, hergestellt. Dabei entstehen bioaktive Peptide sowie Isoflavone und Aglykone. Verdaulichkeit, Nährwert und Geschmack werden verbessert und antioxidative Eigenschaften gesteigert.
Fermentierte Sojaprodukte wirken:

- *antidiabetisch*
- *antioxidativ*
- *antikanzerogen*
- *antientzündlich*
- *immunstimulatorisch*
- *neurostimulatorisch*

Außerdem haben sie positiven Einfluss auf:

- *den Fettstoffwechsel und den Blutdruck*
- *die Schilddrüsenfunktion*
- *Asthmabeschwerden*
- *den Erhalt der Knochenmasse*
- *den Schutz vor Osteoporose*

Darüberhinasu punkten Sojaprodukte mit antitumorösen Effekten bei Brustkrebs und Prostatakrebs. Diese sind insbesondere auf den erhöhten Gehalt an Isoflavonen zurückzuführen, die an Östrogen-Rezeptoren als Anti-Östrogene wirken.
In der Küche verbreitete Sojaprodukte sind unter anderen:

- *Tempeh: Bei der Herstellung von Tempeh werden Sojabohnen von Schimmelpilzen fermentiert. Die Textur ist fest, das Produkt wird aufgrund des hohen Proteingehalts in der vegetarischen und veganen Küche geschätzt.*
- *Natto: Bei Natto handelt es sich um Sojabohnen, die von Bacillus subtilis fermentiert werden. Natto wird oft zu Sushi gegessen.*
- *Miso: Die fermentierte Würzpaste wird aus Soja, Koji-Pilzen und gelegentlich auch braunem Reis und Gerste hergestellt.*
- *Cheonggukjang: Würzpaste aus fermentierten Sojabohnen*
- *Sojasoße: Asiatische Würzsoße aus Sojabohnen, Wasser und Salz. In Shoyusoße ist zusätzlich Weizen enthalten.*

Bitte nicht totkochen

Um die vorteilhaften Effekte der fermentierten Lebensmittel zu bewahren, sollten diese vor dem Verzehr nicht oder nicht zu lange erhitzt werden, wie dies bei Sauerkraut oft geschieht. Auch das Erhitzen beim Kochen führt dazu, dass die lebenden Mikroben abgetötet werden. Das ist ungünstig, da zumindest ein Teil der Gesundheitswirkungen den lebenden Mikroben zuzuschreiben ist.

ANTIALKOHOLISCHE GETRÄNKE

Neben Bier und Wein gibt es auch zahlreiche antialkoholische Getränke, die fermentiert sind. Einige davon konsumieren viele von uns tagtäglich. Andere werden aktuell durch die Medien gehypt und sind Modegtränke.

Kombucha

Für Kombucha wird gesüßter Tee mit Hefen und Bakterien fermentiert. Erste Berichte über die Kombucha-Herstellung in China gibt es bereits aus dem Jahr 220 v. Chr. Über den Fernen Osten und Russland ist der fermentierte Tee dann bis nach Osteuropa verbreitet worden. Als Ausgangsgetränk wurde ursprünglich schwarzer Tee verwendet, es kommen aber auch andere Tees zum Einsatz. Das zu fermentierende Süßungsmittel ist Rohrzucker, Rübenzucker oder Honig. Je nachdem wie lange der Fermentationsvorgang anhält, ist der Geschmack von Kombucha mild und süß oder eher kräftig.

Gesundheitseffekte unklar

In Kombucha trinkenden Regionen Russlands werden niedrigere Krebsraten registriert, ob dies aber tatsächlich auf das Trinken von Kombucha oder auf andere Faktoren zurückzuführen ist, lässt sich nicht belegen. In Europa ist die Motivation zum Konsum des angesagten Getränks zumeist von Detox-Gedanken angetrieben.

Kombucha-Zubereitung

Für die Kombucha-Herstellung gibt es viele verschiedene Rezepte. Von großer Bedeutung ist, dass sterile Behältnisse und Utensilien verwendet werden, um eine Kontamination mit Schimmelpilzen aus der Umgebung oder mit krank machenden Keimen zu vermeiden. Dies ist bei Kombucha besonders wichtig, da das Gärgefäß – anders als zum Beispiel bei der Kimchi-Herstellung – nicht luftdicht verschlossen wird.
Zumeist werden in den Rezepten Schwarzteeblätter in gekochtes Wasser gegeben und Zucker in einer Menge von 50–150 Gramm pro Liter Wasser hinzugegeben. Nach 10 Minuten werden die Teeblätter entfernt und der Tee darf abkühlen, bevor die mikrobielle Matrix, pro Liter Neuansatz meist 100 Milliliter Kombucha aus einer vorangegangenen Fermentation, zugegeben wird. Das Behältnis wird dann mit einem sauberen Baumwolltuch abgedeckt und sieben bis zehn Tage bei Raumtemperatur fermentiert. Dabei ist Vorsicht angebracht: Wenn die Fermentation nämlich länger als zehn Tage dauert, wird der Säuregehalt des Getränks zu hoch. Der Konsum des Getränks kann dann schädlich sein und zu gefährlicher Azidose (Übersäuerung) im Körper führen. Nach Beendigung der Fermentation wird die Kombucha-Mikrobenkolonie durch Abseihen entfernt und das Getränk ist trinkfertig.

In vergleichbarer Weise kann die Kombucha-Fermentation auch mit anderen gesüßten Tees erfolgen. Da dabei aber unkontrolliert gesundheitsschädliche Substanzen entstehen können, wird schwarzer oder grüner Tee empfohlen.

Mit Vorsicht zu genießen

Im Gegensatz zu anderen fermentierten Lebensmitteln gibt es keine klinischen Studien, die Gesundheitswirkungen durch Kombucha belegen. Es finden sich in der medizinischen Fachliteratur allerdings zahlreiche Berichte, dass der Kombucha-Konsum, insbesondere wenn er übertrieben wird oder wenn der Fermentationsprozess unsteril abläuft oder zu lange anhält, mit Nebenwirkungen einhergehen kann. Manche dieser Hinweise berichten auch über lebensbedrohliche Ereignisse wie Azidose und Lebererkrankungen, sodass im Rahmen des Fermento-Lebensstils der Konsum von selbst hergestelltem Kombucha nicht empfohlen wird. Industrieller Kombucha ist aufgrund seines Zuckergehaltes kein empfehlenswertes Lebensmittel.

SALZLAKE-GETRÄNKE – BRINE DRINKS

Ein neuer Trend bei fermentierten Getränken sind Salzlake- oder Brine Drinks. Dabei wird die Salzlake, in der Lebensmittel fermentiert werden, getrunken oder zur Herstellung von Mischgetränken verwendet. Ein Beispiel ist Essiggurkenwasser. Ob diese Getränke eine Gesundheitswirkung haben, ist unklar. Da diese Drinks aber häufig mit reichlich Zucker, Alkohol und weiteren Aromastoffen versehen werden, ist der Gesundheitsaspekt, zumindest bei den trendigen Cocktails, fraglich.

KAFFEE

Die Fermentation von Kaffeebohnen ist ein wichtiger Schritt bei der Herstellung von Kaffee. Die grob geschälten Bohnen werden 10 bis 20 Stunden in einem Wasserbad fermentiert. Durch diese Fermentation erhält der Kaffee seinen individuellen Geschmack, da während der Fermentation auch Aromastoffe ausgebildet werden. Für Kaffee sind positive Gesundheitswirkungen belegt. Insbesondere kardiovaskuläre Erkrankungen, Typ-2-Diabetes und Lebererkrankungen treten bei Kaffee-Konsumenten seltener auf. Diese Effekte sind nicht auf den Inhaltsstoff

Koffein zurückzuführen, da sie sich auch bei entkoffeiniertem Kaffee zeigen, sondern werden sekundären phenolischen Pflanzenstoffen zugesprochen. Metaanalysen folgend sind vier Tassen Kaffee am Tag die optimale Menge, um die Gesundheitswirkungen zu ermöglichen. Übertreiben sollte man es nicht: Wenn der Konsum über die vier Tassen hinausgeht, steigt das Risiko für Übergewicht, Bluthochdruck und Krebserkrankungen an Prostata, Harnwegen und Blase. Kaffee ist vor dem Hintergrund dieser Informationen ein gutes Beispiel dafür, dass ein Zuviel schädlich sein kann. Es geht wie so oft um einen maßvollen Umgang und das Vermeiden von Einseitigkeit.

TEE

Es gibt viele verschiedene Sorten von Tee. Dabei unterscheidet der Grad der Oxidierung und Fermentation, welche Farbe, welchen Geschmack und welchen Geruch der Tee nach dem Aufbrühen hat. Werden die Teeblätter nur kurz an der Luft getrocknet, finden die Oxidationsprozesse durch Enzyme, die die Teeblätter selbst beinhalten, statt. Lässt man die Teeblätter länger trocknen, beginnen auch Fermentationsprozesse. Am stärksten fermentiert ist Pu-Erh-Tee, der sogar zweimal fermentiert: zunächst bei der Trocknung mit Hefen und Bakterien, ein zweites Mal bei der Lagerung durch den Pilz Aspergillus niger. Anschließend werden die fermentierten Teeblätter in gewünschte Formen gepresst. Dieser Tee ist besonders mild, da er wenig Säure enthält.

Grundsätzlich können folgende Teesorten unterschieden werden:

- *unfermentierter/oxidierter Tee: weißer Tee und Grüntee*
- *leicht anfermentierter Tee: Grüntee*
- *anfermentierter Tee: Gelbtee*
- *halbfermentierter Tee: Oolong*
- *fermentierter Tee: schwarzer Tee*
- *fermentierter Tee durch Einsatz von Bakterien und Edelpilzen: Pu-Erh-Tee, Kombucha*

Für schwarzen Tee gibt es sehr viele Belege, dass regelmäßiger Konsum die Gesundheit fördert. Positive Wirkungen sind unter anderem eine Senkung des Blutdrucks sowie die vermehrte Produktion von kurzkettigen Fettsäuren im Dickdarm. Für den Fermento-Lebensstil sind alle der genannten Tees geeignet, lassen Sie sich von Ihrem eigenen Geschmack leiten.

Rooibostee

Der beliebte Rooibostee ist übrigens gar kein Tee. Die Blätter für den Aufguss stammen von einem Busch namens Aspalathus linearis und werden vor der Zubereitung weder oxidiert noch fermentiert.

Einfach gesund

Fermentierte Lebensmittel sind für unsere Gesundheit vorteilhafter als die gleichen Lebensmittel in einem nicht fermentierten Zustand. Sie wirken präventiv und in vielen Fällen auch nachweislich lindernd.

Wissenschaftlich belegt

Immer häufiger wird über die Gesundheitswirkungen von fermentierten Lebensmitteln berichtet und das aus gutem Grund. Auf den folgenden Seiten wollen wir deshalb diese nachgewiesenen gesundheitlichen Benefits der rundum wohltuenden Fermento-Lebensweise einmal näher unter die Lupe nehmen.

Stand der Forschung

Manchmal wird in Aussagen zu fermentierten Lebensmitteln die Vermeidung von Krankheiten bis hin zu Krebserkrankungen oder sogar deren Heilung versprochen. Solche sehr weitreichenden Versprechen sind aber mit Vorsicht zu genießen, da sie oftmals aus Laboruntersuchungen zu einzelnen Fermentationsmetaboliten abgeleitet werden und nicht durch klinische Studien abgesichert sind. Es gibt jedoch auch große klinische und epidemiologische Studien sowie Metaanalysen, die ausreichend Beweise dafür liefern, dass fermentierte Lebensmittel positive Gesundheitswirkungen haben. Einzelnen Lebensmitteln wie beispielsweise Kimchi konnten in klinischen Studien Antitumor-, Antiadipositas-, Anti-Aging- und Antiverstopfungswirkungen zugeschrieben werden. Anderen milchsäurefermentierten Lebensmitteln werden eine Stimulation des Immunsystems oder die Senkung des Cholesterinspiegels attestiert. Vielfach werden solche Wirkungen in der Folge durch Medien und Werbung aber überhöht und ohne ausreichende wissenschaftlich Substanz dargestellt beziehungsweise dem einfachen Glauben daran (Stichwort Placeboeffekt) unterstellt. Die beschriebenen Einzeleffekte von Lebensmitteln sollten jedoch nicht überbewertet werden. Denn selbst wenn Kimchi in Zellkulturen positive Eigenschaften aufweist, heißt das noch lange nicht, dass das, was in der Petrischale im Labor funktioniert, auch auf den Menschen übertragbar ist. Hilfreicher sind bei der Bewertung von Gesundheitswirkungen daher klinische Studien mit menschlichen Probanden, die die Vorzüge einer fermentierten Ernährung mit Kontrollgruppen vergleichen, die die gleichen Lebensmittel im nicht fermentierten Zustand zu sich nahmen. Solche Studien gibt es inzwischen, und daher wollen wir uns nun mit diesen Informationen beschäftigen.

WICHTIGE HUMANSTUDIEN

Für ballaststoffreiche Lebensmittel sind gesundheitsfördernde Effekte schon lange bekannt, für fermentierte Lebensmittel lagen dazu bis vor Kurzem noch kaum Ergebnisse vor. In einer klinischen Studie der Stanford-Universität aus dem Jahr 2021 wurde dann eine Gruppe von Menschen untersucht, die sich ballaststoffreich ernährte. Parallel dazu hat eine andere Untersuchungsgruppe zehn Wochen lang vergleichbare Lebensmittel zu sich genommen, die jedoch fermentiert waren. Schon nach einer solch kurzen Studiendauer konnten in der Fermento-Gruppe zusätzliche Wirkungen wie die Reduktion von Entzündungsmarkern beobachtet werden. Ein klares Zeichen dafür, dass bestimmte Lebensmittel gesundheitliche Effekte haben, die erst durch die Fermentation entstehen. Dass diese Gesundheitswirkungen schon nach so kurzer Zeit erkennbar sind, lehrt uns, dass es im Prinzip nie zu spät für eine Ernährungsumstellung ist, denn die positiven Effekte stellen sich ein, sobald man beginnt, fermentierte Speisen in den Ernährungsalltag einzubauen.

Metaanalysen, die zahlreiche Studien zu fermentierten Lebensmitteln gemeinsam analysieren, haben Erkenntnisse zum Einfluss dieser Lebensmittel auf bestimmte Krankheiten und das Körpergewicht auf eine solide Basis gestellt. Dabei hatten all diese Untersuchungen den Anspruch, die Gesundheitswirkungen fermentierter Lebensmittel vor dem Hintergrund mikrobieller Prozesse und der Entstehung von Metaboliten zu erklären. Teilweise sind diese Erklärungsmodelle sehr weit gereift und die Aussagen als wissenschaftlich profund zu bewerten. Exemplarisch sind die Anti-Aging-Effekte durch Spermidin zu nennen *(siehe Seite 34)*.

REICHT BALLASTSTOFFREICH?

Ballaststoffe sind wichtige Inhaltsstoffe unserer Nahrung. Unter anderem können sie die Vielfalt der Mikroben in unserem Mikrobiom erhöhen. Dies äußert sich in einem nachweislich stabileren Mikrobiom, einer vermehrten Bildung von kurzkettigen Kohlenhydraten und kurzkettigen Fettsäuren und einer erhöhten Bildung von kohlenhydratabbauenden Enzymen. Die meisten fermentierten Lebensmittel, wenn auch nicht alle, enthalten hohe Mengen an Ballaststoffen, was auch daran liegt, dass gerade ballaststoffreiche Lebensmittel häufig fermentiert werden. Daher könnte man annehmen, dass allein schon die Höhe des Ballaststoffanteils die gesundheitlich positiven Wirkungen bedingen. Gerade das ist jedoch nicht der Fall.

5 JAHRE PLUS

Anhand von epidemiologischen Studien lässt sich errechnen, dass durch eine Ernährung, die aus fermentierten Lebensmitteln in einer relevanten Menge besteht, eine statistische Lebensverlängerung von bis zu fünf Jahren erzielt werden kann. Ein beachtlicher Anti-Aging-Effekt, der nur durch wenige andere Lebensstilveränderungen wie den Verzicht auf Nikotin, das Vermeiden von Übergewicht und reduzierten Alkoholkonsum möglich ist.

Untersuchungen zeigen, dass fermentierte Lebensmittel die Mikrobiomdiversität zusätzlich erhöhen und entzündliche Aktivität reduzieren. Beispiele für besonders ballaststoffreiche fermentierte Lebensmittel sind:

- *Vollkorn-Sauerteigbrot*
- *Sojaprodukte wie Tofu und Tempeh*
- *Gemüse wie Kimchi*

Ballaststoffreich & fermentiert

Da beide, ballaststoffreiche Ernährung und Fermento-Ernährung, eigenständige Gesundheitswirkungen haben, ist es also auf jeden Fall auch wichtig, ausreichend ballaststoffreiche Lebensmittel in die Ernährung zu integrieren. 30 Gramm Ballaststoffe am Tag wären ideal. Einen großen Teil dieser Ballaststoffe können Sie durch fermentierte Lebensmittel zu sich nehmen. Damit schlagen Sie quasi zwei Fliegen mit einer Klappe.

Mikrobiomvielfalt erhöhen

Gerade in industrialisierten Ländern, in denen aufgrund der vorherrschenden ballaststoffarmen und fettreichen Ernährung die Diversität des Darmmikrobioms reduziert ist, ist die Erhöhung der Vielfalt an Mikroorganismen durch fermentierte Lebensmittel wichtig. Sie ist ein wichtiger Baustein, um reduzierte Mikrobiomdiversität und die damit verbundenen negativen Gesundheitsfolgen zu bekämpfen.

FAZIT

Dieses belegte Wissen kann im individuellen Lebensstil gut berücksichtigt werden, und darum geht es bei der Fermento-Kost.
Es gilt also, die Lebensmittelauswahl dahingehend zu verändern, dass regelmäßig und in überschaubarer Menge fermentierte Lebensmittel mit lebenden Mikroben auf dem Speiseplan stehen. Das bedeutet nicht, dass Sie jeden Tag Kimchi oder Sauerkraut essen oder jeden Tag stundenlang in der Küche stehen müssen. Denn die Auswahl an fermentierten Speisen ist riesig, und es ist auch gar nicht so schwer, diese in die tägliche Ernährung einzubauen:

- *Fermentierte Milchprodukte sind kostengünstig und überall erhältlich. Sie eignen sich deshalb zur täglichen Versorgung mit probiotischen Lebensmitteln hervorragend.*
- *Fermentierte Gemüse können Sie selbst herstellen (siehe Seite 138), auf dem Wochenmarkt und im Asialaden frisch kaufen oder in asiatischen Restaurants genießen.*
- *Drei Portionen Fermentiertes täglich ist nicht zwingend. Einmal am Tag Fermentiertes in den Speiseplan einzubauen, bringt auch schon erkennbare Vorteile.*
- *Für den Fermento-Lebensstil eignen sich besonders Joghurt, Hüttenkäse, Kefir, frisches Sauerkraut, fermentierter Krautsalat (Kimchi, Curtido), Sojaprodukte, Buttermilch, fermentiertes Gemüse sowie Sauerteigbrot.*

Kimchi – Star der Fermento-Kost

WAS IST KIMCHI?

Kimchi ist ein milchsäurefermentiertes Gemüse, das meist aus Chinakohl, koreanischem Rettich, Ingwer und Knoblauch hergestellt wird. Die Herstellung ist der von Sauerkraut sehr ähnlich. Mit anderen Gemüsen und Gewürzen können zahlreiche Variationen kreiert werden. Wie Sauerkraut ist auch Kimchi äußerst reich an Vitamin C. Kimchi aus Chinakohl punktet außerdem mit einem hohen Anteil an Spermidin *(siehe Seite 34)*. In Korea wird nahezu zu jeder Mahlzeit Kimchi gegessen. Welchen Anteil diese Art der Fermento-Kost an der hohen Lebenserwartung in Korea hat, ist jedoch nicht eindeutig zu beantworten.

NACHWEISLICH GESUND

Wissenschaftlich belegt ist aber, dass der Konsum von Kimchi bei übergewichtigen Menschen schon nach vier Wochen eine Reduktion von Körpergewicht, Körperfettmasse, Blutdruck, Nüchternblutzucker, Nüchterninsulinspiegel und Cholesterin ermöglicht. Das Interessante daran ist, dass in der entsprechenden Studie eines koreanischen Forscherteams aus dem Jahr 2013 nicht ausschließlich der Konsum von Kimchi auf das Körpergewicht untersucht wurde. Die Probanden erhielten in zwei Phasen jeweils vier Wochen nicht fermentiertes frisches Gemüse, das zur Kimchi-Herstellung geeignet ist, und fermentiertes Gemüse, also Kimchi. Gegessen wurden immer 3-mal 100 Gramm pro Tag als Beilage zu den Hauptmahlzeiten. Durch dieses clevere Studiendesign konnten die positiven Effekte explizit dem fermentierten Produkt Kimchi zugeordnet werden. In der Ernährungsphase mit nicht fermentiertem Gemüse waren zwar auch positive Effekte auf Gewicht und Stoffwechsel zu beobachten, diese Effekte waren aber signifikant niedriger als in der Kimchi-Phase.

SCHLANKMACHER

Interessant ist im Zusammenhang mit der Kimchi-Studie, dass in beiden Studienphasen die täglich zugeführte Kalorienmenge konstant blieb. Es ist demnach nachweislich so, dass der regelmäßige Konsum von fermentierten Lebensmitteln bei gleicher Kalorienaufnahme vorteilhafte Effekte auf das Körpergewicht aufweist. Die Mechanismen, die diesen Gewichtsschwund erklären, sind leider noch ungeklärt. Am ehesten sind hierfür

Mikrobiomveränderungen anzunehmen, denn gut bekannt ist, dass die Mikrobiomzusammensetzung für bis zu 15 Prozent des Körpergewichts verantwortlich ist. Die Studie zeigt uns, dass es möglich ist, den Weg der Gewichtsreduktion über die Darmflora zu nehmen, indem wir eine »Dünnmacherflora« durch fermentierte Lebensmittel unterstützen.

PASST DAS IN MEINE KÜCHE?

In unserer westlichen Welt fällt es möglicherweise schwer, dreimal am Tag fermentiertes Kimchi zu essen. Noch ist Kimchi kein Lebensmittel, das überall in den Regalen steht. Das ist aber auch nicht unbedingt erforderlich, denn Kimchi unterscheidet sich nicht substanziell von milchsäurefermentierten eingelegten Gemüsen, die bereits auf unserem Speiseplan stehen wie Sauerkraut oder Essiggurken. Kimchi ist wissenschaftlich etwas besser untersucht als Sauerkraut, dessen Gesundheitswirkungen sich von Kimchi aber wohl nicht wesentlich unterscheiden. Um in den Genuss dieser Effekte zu kommen, können Sie also auf andere milchsäurefermentierte Lebensmittel ausweichen. Sie können Kimchi aber auch selbst herstellen. Ein Basisrezept finden Sie auf *Seite 77*. Oder probieren Sie doch einmal das »Spicy Chinakohl-Kimchi« von *Seite 139*.

KIMCHI-FERMENTATION

Bei der Kimchi-Fermentation wird eine Milchsäuregärung angewendet, an der verschiedene milchsäurevergärende Mikroben beteiligt sind. Die führenden Mikroben sind Lactobacillus plantarum, Lactobacillus brevis, Pediococcus cerevisiae, Streptococcus faecalis und Leuconostoc mesenteroides. Vergleichbare Mikroben kommen auch bei der Fermentation von Sauerkraut und anderen fermentiertem Gemüse zum Einsatz. Manche dieser Mikroben, wie Lactobacillus plantarum und Lactobacillus brevis haben es medizinisch sogar in die erste Liga geschafft: Sie kommen auch außerhalb der Lebensmittel-Herstellung als medizinische Probiotika, zum Beispiel in der Behandlung von Verdauungsbeschwerden, zum Einsatz.

Von Blutdruck bis Übergewicht

Die für die Gesundheit relevanten Inhaltsstoffe fermentierter Lebensmittel haben vor allem die Fähigkeit, die Darmflora positiv zu beeinflussen. Auf diesem Weg wirken sie immunstärkend sowie anti-infektiös, und sie verbessern unsere metabolische Funktion, kommen also dem Stoffwechsel zugute.

Normalgewicht halten – Gewicht reduzieren

In umfangreichen medizinischen Untersuchungen konnte ein deutlicher Zusammenhang zwischen dem Konsum fermentierter Lebensmittel und dem Erhalt des Normalgewichts gezeigt werden. Menschen, die mehr fermentierte Lebensmittel zu sich nehmen, können im Vergleich zu Menschen mit anderen Ernährungspräferenzen ihr Normalgewicht leichter halten. Fraglos eine bedeutende Gesundheitswirkung, wenn wir bedenken, in welchem Ausmaß die durch Übergewicht verursachten medizinischen Folgen Krankheiten und erhöhte Sterblichkeit mit sich bringen. Insbesondere der Konsum von fermentierten Milchprodukten hat sich in Studien zur Gewichtsentwicklung als günstig erwiesen. Aber auch für fermentiertes Gemüse ist ein positiver Effekt auf den Erhalt des Normalgewichts belegt.

ABNEHMEN MIT KIMCHI & MILCHPRODUKTEN

Über das Halten des Normalgewichts hinaus ist bei einer Ernährung mit reichlich fermentierten Lebensmitteln gezeigt worden, dass sogar eine Gewichtsreduktion möglich wird. Die besten Daten zur Gewichtreduktion gibt es bei Untersuchungen mit Kimchi (*siehe Seite 52*). In der bereits erwähnten koreanischen Studie konnte bei fermentiertem Kimchi schon nach vier Wochen eine Gewichtsreduktion beobachtet werden und das bei gleicher Kalorienzahl in der Kontrollgruppe. Ähnliche gewichtsreduzierende Effekte wie der Verzehr von Kimchi hat klinischen Studien zufolge auch eine Ernährung, die reich an Joghurt und anderen Fermento-Milchprodukten wie Kefir ist.

Dünne Datenlage

Zu weiteren fermentierten Lebensmitteln ist die Datenlage bezüglich der Gewichtsreduktion noch dünn. Kleinere Studien zu Abnehmeffekten gibt es unter anderem mit fermentierten Tees und fermentierten Bambussprossen. Es bleibt an dieser Stelle aber anzumerken, dass für die meisten Fermentationsprodukte derartige Studien bisher nicht vorliegen. Zwar gibt es vielversprechende Ergebnisse von Studien mit fermentierten Lebensmitteln bei übergewichtigen Mäusen, diese können aber nicht einfach auf den Menschen übertragen werden.

Täglich Kimchi & Joghurt

Wenn Sie auf die gewichtsoptimierenden Effekte von Fermentiertem setzen wollen, sollten täglich Gemüse wie Kimchi und auch Joghurt auf Ihrem Speiseplan stehen.

GEWICHTSREDUKTION – DIE MECHANISMEN

Die detaillierten Mechanismen, die zur Gewichtsreduktion durch den Verzehr fermentierter Lebensmittel führen, sind noch weitgehend ungeklärt. Bekannt ist aber, dass ein wesentliches Hormon bei der Regulation des Appetits das Hormon Glucagon-like Peptid 1 (GLP-1) ist. Es reduziert den Appetit und im Normalfall in der Folge auch die Aufnahme von Nahrung. Es kommt deshalb seit etwa zehn Jahren auch in Medikamenten für übergewichtige Typ-2-Diabetiker zum Einsatz.

VORSICHT BEI ALKOHOL UND FLEISCH!

Zu beachten ist, dass wohl nicht alle fermentierten Lebensmittel einen günstigen Einfluss auf das Körpergewicht haben. Bei fermentierten Fleisch- und Wurstwaren und alkoholischen fermentierten Getränken ist allein schon aufgrund des hohen Brennwertes/der hohen Kaloriendichte nicht davon auszugehen, dass ein positiver Einfluss besteht. Spätestens beim Anblick eines Bierbauchs wird schließlich leicht erkennbar, dass mit dem Fermentationsprodukt Bier eher Kilos zu gewinnen als zu verlieren sind.

Mikroben zügeln den Appetit

Für einzelne milchsäurefermentierende Bakterien wie beispielsweise Lactobacillus helveticus konnte nun gezeigt werden, dass diese Mikroben die Freisetzung des körpereigenen GLP-1 steigern und somit dazu beitragen, den Appetit zu reduzieren. Dies ist einer der Mechanismen, über den milchsäurevergärende Mikroben Einfluss auf das Körpergewicht nehmen. Wahrscheinlich ist das Ganze jedoch noch viel komplexer und mehrere Stoffwechselwege sind an dieser spezifischen Wirkung beteiligt. Allerdings kennen wir diese Zusammenhänge noch nicht.

Entzündungshemmer gegen Diabetes

Schon 1876 therapierte der Berliner Arzt Wilhelm Ebstein Diabetes-Patienten erfolgreich mit je 7 Gramm des entzündungshemmenden Medikaments Aspirin pro Tag. Allerdings muss man anmerken, dass diese Menge sicherlich schädliche Nebenwirkungen wie Blutungen hatte.

Exkurs – Gewicht & Stoffwechsel

Um den Zusammenhang von Gewicht und Stoffwechsel zu verdeutlichen, haben wir hier einige interessante Fakten zusammengestellt.

DARMMIKROBIOM

In Studien konnte gezeigt werden, dass übergewichtige Menschen meist nur eine geringe Vielfalt in der Zusammensetzung ihres Darmmikrobioms aufweisen. Manche Forscher gehen zudem davon aus, dass ungünstige Bakterienstämme im Darmmikrobiom für Übergewicht verantwortlich sind. Dies ist jedoch noch nicht ausreichend belegt.

ENTZÜNDUNGSPARAMETER

Wir wissen, dass bei Menschen mit viel Fettgewebe die Entzündungsparameter im Blut erhöht sind. Das hat zur Folge, dass der Blutzuckerstoffwechsel gestört wird und sich Diabetes entwickeln kann. Es gibt immer wieder Forschungsansätze, die über eine Beeinflussung der Entzündungsreaktionen im Körper versuchen, Diabetes zu therapieren. Interessant ist in diesem Zusammenhang, dass bei zahlreichen fermentierten Lebensmitteln antientzündliche Wirkungen nachgewiesen sind.

In kleineren Untersuchungen konnte bereits gezeigt werden, dass zum Beispiel der Verzehr von Kimchi den körpereigenen Insulinstoffwechsel günstig beeinflusst: Das Insulin wirkt besser und senkt so den Blutzucker.

LDL-CHOLESTERIN

Des Weiteren wird diskutiert, ob die von Mikroben gebildeten kurzkettigen Fettsäuren *(siehe Seite 26)* einen günstigen Einfluss auf den Cholesterinwert haben. Auch die Zellwandbestandteile der Mikroben, die sogenannten ß-Glukane, sollen dabei eine Rolle spielen und das nicht so günstige LDL-Cholesterin senken. Erste Hinweise darauf gibt es. Mit Blick auf die positiven Auswirkungen für den Stoffwechsel ist auch erwähnenswert, dass milchsäurefermentierte Lebensmittel das Risiko, nach dem Sport Muskelkater zu entwickeln, reduzieren. All diese Puzzlesteine sind zusätzliche Hinweise auf den Einfluss fermentierter Lebensmittel auf den Stoffwechsel und damit auf das Körpergewicht.

Stille Entzündungen

Ein Gebiet der Forschung, das noch ganz am Anfang steht, ist das der chronischen Entzündungen, die nicht unbedingt zu einer Erhöhung der im Routinelabor bestimmten Entzündungsparameter führen. Solche Entzündungen werden als stille Entzündungen bezeichnet. Vermehrtes Körperfett bei Übergewicht steht in Verdacht, diese Entzündungsvorgänge im Körper zu begünstigen. Wie genau das vonstattengeht, ist allerdings noch nicht völlig klar. Auch die bekannten Makrophagen (Fresszellen, die der ersten Abwehr von fremden Stoffen dienen) scheinen eine Rolle zu spielen. Durch diese Substanzen kommt es zu einer Erhöhung von wichtigen körpereigenen Botenstoffen der Immunabwehr, den sogenannten Interleukinen *(siehe Seite 34)*, die in der Leber und am Muskel zu mäßiggradigen Entzündung führen. Das wiederum kann Ursache dafür sein, dass das körpereigene Insulin nicht mehr so gut wirken kann. Solche Vorgänge scheinen zum Beispiel bei der Rheumaerkrankung zu einer Entzündung an den größeren Blutgefäßen zu führen, was wiederum einen Schlaganfall oder Herzinfarkt bedingen kann. Es gibt Hinweise darauf, dass fermentierte Lebensmittel antientzündlich wirken und somit auch als wirksames Mittel gegen stille Entzündungen eingesetzt werden könnten.

Weitere Entzündungserkrankungen

Für entzündliche Erkrankungen wie Gelenkentzündungen (Arthritis) oder entzündliche Darmerkrankungen wird oftmals eine Verbesserung durch fermentierte Lebensmittel postuliert. Die diskutierten Wirkmechanismen sind die probiotischen Effekte *(siehe Seite 28)*, die Förderung einer robusten Darmflora *(siehe Seite 59)*, die Stärkung der Darmbarriere *(siehe Seite 59)* und immunmodulierende Einflüsse, die sich aus Experimenten im Labor ableiten lassen. Belastbare klinische Daten für diese Gesundheitswirkungen gibt es aber noch nicht.

Herz-Kreislauf-Erkrankungen

Klinische Studien belegen, dass ein höherer Konsum fermentierter Lebensmittel ein reduziertes Risiko für Herz-Kreislauf-Erkrankungen und assoziierte Stoffwechselerkrankungen wie dem metabolischen Syndrom und dem Typ-2-Diabetes nach sich ziehen. Der Effekt beziehungsweise die Verbindung mit Herz-Kreislauf-Erkrankungen ist vor allem für fermentierte Milchprodukte wie Joghurt und für Kimchi belegt. Die Informationen zur statistischen Risikoreduktion von Herz-Kreislauf-Erkrankungen sind wissenschaftlich sehr solide. Aufgrund der vielfältigen Ursachen dieser Erkrankungen sind die einzelnen Wirkmechanismen aber größtenteils unbekannt. Unstrittig ist jedoch, dass gewichtsreduzierende, antientzündliche, cholesterinsenkende und metabolische Wirkungen zur Risikoreduktion von Herz-Kreislauf-Erkrankungen beitragen.

Darmgesundheit

Ein wesentlicher Aspekt der fermentierten Ernährung ist die Wirkung auf die Darmgesundheit. Fermentierte Lebensmittel erhalten und fördern das Darmmikrobiom und die Integrität der Darmbarriere. In welchem Ausmaß dies Einfluss auf die allgemeine Gesundheit hat, kann im Detail noch nicht belegt werden. In den letzten Jahren hat sich auf dem Gebiet der Mikrobiomforschung aber einiges bewegt. Zahlreiche Erkrankungen stehen demnach mit Veränderungen an Darmbarriere und Darmflora in Verbindung. Begriffe wie »Leaky Gut« (= durchlässiger Darm) machen dies deutlich.

Info

Beim sogenannten Leaky-Gut-Syndrom ist die Dünndarmschleimhaut durchlässiger als normalerweise und kann dadurch ihrer Aufgabe als selektive Darmbarriere nicht mehr ausreichend nachkommen. Bakterien und Giftstoffe aus dem Darm können dann in den Blutkreislauf gelangen.

BEDEUTUNG FÜR DAS DARMMIKROBIOM

Der Einfluss fermentierter probiotischer Lebensmittel auf das Darmmikrobiom ist für den Erhalt des Immunsystems sehr wichtig. Durch eine ballaststoffreiche Ernährung wird, wie wir wissen, im Darmmikrobiom speziell die Stoffwechselfunktion günstig beeinflusst. Die Mikrobiomdiversität bleibt im Wesentlichen erhalten. Eine Ernährung, die reichlich fermentierte Lebensmittel beinhaltet, erhöht die Diversität des Mikrobioms sogar noch und reduziert, wie Laborwerte zeigen, Entzündungsreaktionen. Damit haben gerade in der industrialisierten Welt, in der durch Ernährungsfaktoren die Mikrobiomdiversität häufig reduziert ist, fermentierte Lebensmittel einen bedeutenden gesundheitserhaltenden Stellenwert.

NACHHALTIGE VERÄNDERUNG

Jede Ernährung beeinflusst das Mikrobiom. Interessant sind aber nicht die kurzfristigen Mikrobiomveränderungen, beispielsweise nach dem Verzehr eines Salates, sondern die lang anhaltenden also nachhaltigen Veränderungen, die langfristig Einfluss auf unser

Ökosystem und unsere Gesundheit haben. Wir wissen sehr gut, dass gerade chronische Erkrankungen im Wesentlichen durch chronische Entzündung gefördert werden und die Zahl dieser Erkrankungen in der westlichen Welt, auch aufgrund von Veränderungen des Mikrobioms, steigt.
Studien mit Einwanderern und auch Studien mit zwei- bis vierwöchigen Ernährungsumstellungen zeigen, dass Kostveränderungen in Richtung einer westlichen Ernährung mit einer Reduktion der mikrobiellen Diversität einhergehen. Dem gilt es mit geeigneten Ernährungsmaßnahmen zu begegnen: Dazu gehört eine ballaststoffreiche Ernährung, die reich an Kohlenhydraten ist, die dem Mikrobiom zur Fermentation zur Verfügung stehen, eine vermehrte Diversität fördern und die Produktion von günstigen Metaboliten wie kurzkettigen Fettsäuren ermöglicht. Diese Stoffwechselprodukte wiederum fördern den Erhalt der Darmbarriere und reduzieren Entzündungsvorgänge.

WAS SCHON HIPPOKRATES WUSSTE ...

Aufgrund der Fülle neuer Erkenntnisse zum Darmmikrobiom kann man inzwischen wohl mit großer Sicherheit annehmen, dass Hippokrates vor über 2000 Jahren recht hatte, als er äußerte, dass alle Erkrankungen im Darm beginnen – selbst wenn nicht überliefert ist, worauf seine Aussage damals basierte. Bis diese kühne Behauptung vollständig belegt ist, wollen wir uns aber auf das Bekannte beschränken.

MILCHSÄUREBAKTERIEN UND DARMGESUNDHEIT

Mikroben haben unterschiedliche vorteilhafte Funktionen im Darm. Unter anderem produzieren sie kurzkettige Fettsäuren wie Butyrate, die der Darmschleimhaut als Nährstoffe zur Verfügung stehen, und tragen dadurch zur Unversehrtheit und Funktion der Darmbarriere bei. Gerade die Stärkung der Darmbarriere ist für uns gesundheitlich wichtig, da sie uns vor unerwünschten Eindringlingen beschützen kann.
Mikroben haben darüber hinaus immunmodulierende Effekte. Für einzelne milchsäurevergärende Mikroben wie beispielsweise Lactobacillus paracasei konnte gezeigt werden, dass diese Bakterien wahrscheinlich Entzündungsvorgänge verschiedenster Art reduzie-

ren können. Wie wichtig diese antientzündliche Eigenschaft ist, haben Sie bereits im Zusammenhang mit stillen Entzündungen und den Folgeerkrankungen erfahren *(siehe Seite 58)*.

MILCHSÄUREBAKTERIEN UND VERDAUUNGSFUNKTION

Alle Laktobazillen produzieren Enzyme wie Amylase, Protease, Lipase und Glucoamylase. Diese mikrobiellen Enzyme spalten bei der Fermentation und auch noch im Darm Lebensmittel in verwertbare Bestandteile.
Sie können die Verdauungsleistung im Darm substanziell entlasten, dadurch den gesamten Verdauungsprozess unterstützen und in der Folge Lebensmittel verträglicher werden lassen. Zusätzlich verbessert diese mikrobielle enzymatische Verdauungsleistung die Nährstoffaufnahme, die wesentlichste Aufgabe des Verdauungsvorgangs. Verschiedene Laktobazillen bilden dabei unterschiedliche Mengen an Enzymen, dadurch erklären sich auch die unterschiedlichen Eigenschaften der verschiedenen Laktobazillenarten.

FAZIT

Es lässt sich also festhalten, dass fermentierte Lebensmittel Darmgesundheit und insbesondere Verdauungsbeschwerden positiv beeinflussen. Für Verdauungsbeschwerden vom Reizdarmtyp ist beispielsweise bekannt, dass fermentierte Milchprodukte, allen voran Joghurt, die Beschwerden sehr gut lindern können und dadurch sogar der Griff zu Medikamenten verhindert werden kann.

Bekömmlichkeit durch Fermentation

Ebenso wissen wir, dass Brote, die aus fermentierten Teigen bestehen, wie dies beim Sauerteigbrot der Fall ist, besonders bekömmlich sind und wenig Beschwerden verursachen. Dies liegt daran, dass durch die Teig-Fermentation sogenannte Antinährstoffe und FODMAP-Bestandteile, die dafür bekannt sind, dass sie Beschwerden auslösen, schon vor dem Verzehr abgebaut werden – ein Prozess, mit dem wir uns bereits im Kapitel über die Mechanismen der Fermentation beschäftigt haben *(siehe Seite 25)*.

Antinährstoffe

Antinährstoffe oder genauer gesagt antinutritive Substanzen sind Nahrungsbestandteile, welche die Verwertung von mit der Nahrung aufgenommenen Nährstoffen reduzieren *(siehe Seite 25)*. Gerade pflanzliche Lebensmittel können derartige Antinährstoffe enthalten. In hoher Konzentration binden sich diese in Knollen, Wurzeln und Samen. Antinährstoffe wie Solanin, Phytinsäure, Gluten und andere können auch schwach giftig sein.

Auswirkungen der Fermentation & gesundheitliche Konsequenzen

Ein rundum gutes Bauchgefühl, ein Immussystem in Topform, weniger Infektionen, möglicherweise aber auch Kopfschmerzen oder Kreislaufprobleme ... Fermentation verändert Lebensmittel und deren Wirkung. Hier ein Überblick der wichtigsten Effekte, die vor allem der Milchsäuregärung zuzuschreiben sind:

Folge der Fermentation	Änderungen in Milchprodukten	gesundheitlicher Effekt
Steigerung des Gehalts an Milchsäurebakterien in Lebensmitteln	reduzierter Laktosegehalt, reduzierter Gehalt schädlicher Mikroben, erhöhter Gehalt vorteilhafter Mikroben	keine Blähungen, weniger Durchfall, gesteigerte Darmgesundheit, Verbesserung der Laktoseverdauung, Schutz vor Pilzinfektionen, Schutz vor Dünndarmfehlbesiedelung, Schutz vor bakterieller Scheideninfektionen
Abbau von kurzkettigen Proteinen	gesteigerter Gehalt an Casein- und Getreideproteinen mit funktionellen Eigenschaften	vereinfachte Verdauung, antihypertensive Wirkungen, schmerzreduzierende Effekte, Verbesserung des Immunstatus, verbesserter Kalziumstoffwechsel und erhöhte Knochenbildung (Nebeneffekt)
erhöhter Säuregehalt	gesteigerte Geschmacksintensität	weniger mikrobielles Verderben durch Hemmung verderbender Mikroben
erhöhter Gehalt an biogenen Substanzen	Erhöhung von Histamin und Tyramin	kann bei sensitiven Menschen zu Kopfschmerzen, Kreislaufproblemen, Hautausschlägen und weiteren allergieartigen Beschwerden führen

Stimmungslage

Biologische Wirkungen von fermentierten Lebensmitteln auf psychische Funktionen sind vor allem den mikrobiellen Metaboliten zuzuschreiben. Die Botenstoffe, zu denen beispielsweise Serotonin, Dopamin, GABA sowie kurzkettige Fettsäuren gehören, sind alle in die Regulation von Nerveninteraktionen eingebunden.

VORAUSSETZUNG: GESUNDE DARMFLORA

Fest steht, dass die Botenstoffe in großer Menge von den Mikroorganismen einer intakten Darmflora gebildet werden und gerade eine solche gesunde Darmflora durch fermentierte Lebensmittel gefördert wird. Nachdem die Metaboliten im Darm gebildet und in den Körper aufgenommen wurden, können sie über die sogenannte Darm-Hirn-Achse unter anderem Stimmung und andere zentralnervöse Mechanismen vorteilhaft beeinflussen. Es gibt bereits zahlreiche wissenschaftliche Belege, dass das Darmmikrobiom des Menschen in die Regulation von Hirnfunktionen wie Emotionalität und Merkfähigkeit involviert ist. Wie diese Regulationsmechanismen im Detail ablaufen, ist noch Gegenstand wissenschaftlicher Untersuchungen. Dass sie bestehen und wirksam sind, wird jedoch nicht mehr angezweifelt.

MIKROBEN FÜR DIE STIMMUNG

Gerade Bifidobakterien wie Bifidobacterium longum, Bifidobacterium breve und Bifidobacterium infantis sowie Laktobazillen wie Lactobacillus helveticus, Lactobacillus plantarum und Lactobacillus rhamnosus, die sich in verschiedenen fermentierten Lebensmitteln in großer Menge finden, bessern klinischen Studien folgend Symptome wie Angst und Depressionen. Sie unterstützen zudem Gedächtnisfunktionen wie die Merkfähigkeit, und sie reduzieren Stressantworten innerhalb der Darm-Hirn-Achse. Das liegt auch daran, dass diese Mikroben den Spiegel des Neuropeptids BDNF (brain-derived neurotrophic factor) erhöhen können. BDNF ist ein wichtiger Nervenwachstumsfaktor, der hilft, neue Nervenverbindungen (Synapsen) zu bilden. Bei Menschen mit Depressionen ist der BDNF-Spiegel erniedrigt.

Der Konsum fermentierter Lebensmittel ist hilfreich, wenn es darum geht, milde Symptome wie depressive Gedanken und Ängstlichkeit zu reduzieren – selbst wenn die therapeutische Relevanz entsprechender Beobachtungen bei Erkrankungen wie Depressionen oder Angststörungen noch nicht belegt ist.

Darm-Hirn-Connection

Aufgrund der Beobachtung, dass der Konsum von probiotischen Mikroorganismen und fermentierten Lebensmitteln Stimmung und Gehirnaktivität beeinflusst, wurde der Begriff Darm-Hirn-Achse bereits in Mikrobiom-Darm-Hirn-Achse erweitert. Auf diesem Gebiet wird aktuell eifrig geforscht. Eine Kostform oder spezifische probiotische Lebensmittel, mit denen Stimmung, Angst oder Depression nachweislich beeinflusst werden können, ist aber noch nicht gefunden. Dass Milchsäurebakterien unter den vielversprechenden Mitspielern sind, ist aber schon klar erkennbar.

MIKROBIOM-DARM-HIRN-ACHSE

Dem in Traunstein (Bayern) geborenen Gastroenterologen Emeran Mayer haben wir bahnbrechende Erkenntnisse zur Darm-Hirn-Achse zu verdanken. An der Universität von Kalifornien in Los Angeles haben er und sein Team herausgefunden, wie das Darmmikrobiom und probiotische Mikroorganismen die Struktur und die Funktion des Gehirns beeinflussen. Diese Erkenntnisse haben dazu geführt, dass die Darm-Hirn-Achse inzwischen als Mikrobiom-Darm-Hirn-Achse bezeichnet wird.

Allgemein gesteigertes Wohlbefinden

Fermentierte Lebensmittel, die in diesem Zusammenhang auch als funktionelle Lebensmittel bezeichnet werden, beeinflussen aber nicht nur psychische Abläufe, sondern steigern das körperliche Wohlbefinden auch in anderen Bereichen. So machen Fermentationsprozesse, wie wir bereits gesehen haben, Lebensmittel leichter verdaulich, also bekömmlicher. Ein starker Wohlfühlfaktor, denn dadurch wird der Körper entlastet und Energiereserven werden frei, da sie nicht für die Verdauung benötigt werden. Diese Entlastung findet dank einer Art Vorverdauung durch die Fermentation statt. Dabei werden belastende Bestandteile in Lebensmitteln, wie beispielsweise Trypsin-Inhibitoren, welche die Verdauungsenzyme blockieren, reduziert. Außerdem werden probiotische Effekte ermöglicht, die dem Darmmikrobiom nützen und dadurch Immunfunktion, Verdauungsfunktion und Nährstoffaufnahme günstig beeinflussen. Spannend ist darüber hinaus, dass Fermentationsendprodukte auch schmerzreduzierende Eigenschaften aufweisen. Ein weiterer Faktor, der entscheidend zu unserem körperlichen Wohlbefinden beitragen kann.

Kognitive Gesundheit

Wissenschaftlich belegt ist auch, dass fermentierte Lebensmittel zur Steigerung kognitiver Funktionen beitragen können. Dabei handelt es sich um die Denkfunktion, die als kognitive Leistung bezeichnet wird.
Eine solche Steigerung kognitiver Funktionen ist bislang im Wesentlichen an Tiermodellen gezeigt worden. Die Möglichkeiten zur Übertragung auf den Menschen sind limitiert. Interessant sind in diesem Zusammenhang aber aktuelle Studien zum biogenen Polyamin Spermidin *(siehe Seite 34)*, das von fermentierenden Mikroorganismen gebildet werden kann.
In einer großen österreichischen Studie konnte bei Menschen, die an Demenz erkrankt sind, eine Besserung der Denkleistungen durch die Einnahme von Spermidin nachgewiesen werden.
Spermidin wurde zunächst im Sperma entdeckt, daher der Name. Heute wissen wir allerdings, dass Spermidin auch in anderen Körperregionen vorkommt.

Falsche Heilsversprechen

Wie jede Kostform wird auch die Fermento-Ernährung mit vielen Heilsversprechen verbunden. Wenn Sie in den sozialen Medien suchen, werden Sie lesen, dass fermentierte Lebensmittel das Nonplusultra sind und wir hier einem echtem Hipstertrend folgen. Es wird schon wieder der Begriff Superfood bemüht. Und es wird unter anderem versprochen, dass die Besiedlung des Darms mit den richtigen Mikroben unkontrolliertes Verlangen nach ungesunden Nahrungsmitteln (dabei werden auch Nudeln genannt) beendet. Fermentierte Lebensmittel als Helfer, um den eigenen Appetit in den Griff zu bekommen? Wohl eher nein!
Vorsicht ist auch angesagt, wenn Empfehlungen gegeben werden, die eine ausschließliche Ernährung mit fermentierten Lebensmitteln propagieren. Hier gilt es den gesunden Menschenverstand einzuschalten, denn ein Ausschließlich und ein Zuviel ist nie gesund. Im Gegenteil: Ernährung sollte immer ausgewogen und abwechslungsreich sein. Interessanterweise findet man auf der anderen Seite auch Webseiten, die von fermentierten Lebensmitteln komplett abraten. Der Dschungel an teilweise laienhaften Informationen auf dem Gebiet der Ernährung wird immer undurchdringbarer. Wir hoffen, hier etwas mehr Licht ins Dickicht zu bringen.

FAQ

Nachgefragt

Sie wissen nun schon viel über Fermentationsproszesse und die vielfältigen Gesundheitsseffekte der Fermento-Kost. Wie aber all das in den Alltag einbauen? Hier ein paar Antworten:

GIBT ES FERMENTIERTE LEBENSMITTEL, DIE KEINE GESUNDHEITSEFFEKTE HABEN?

Zugegebenermaßen können Wein oder Bier vielleicht kurzfristig ein Wohlgefühl erzeugen. Aber das liegt nicht unbedingt an der Fermentation. Und auch Kaffee (*siehe Seite 44*), vor allem im Übermaß, entfaltet seine gesunden Wirkungen nicht über die fermentierten Ausgangsstoffe. Auch bei veredelten fermentierten Lebensmitteln wie Salami ist kein gesundheitsfördernder Effekt bekannt.

Außerdem gilt es, darauf zu achten, dass auch fermentierte Lebensmittel verderben können und sich ungesunde Schimmelpilze oder Bakterien darin vermehren.

Wenn das Lebensmittel also nicht so aussieht und riecht wie immer, Finger weg und lieber einen neuen Joghurtansatz starten, den nächsten Teig anrühren, ein frisches Kimchi ins Glas bringen ...

KANN ES AUCH PASSIEREN, DASS ICH ZU VIEL FERMENTIERTES ESSE?

Ein Zuviel an fermentierten Lebensmitteln kann zu Durchfall und Blähungen führen. Generell muss auch angemerkt werden, dass eine zu einseitige Ernährungsweise und somit auch das ausschließliche Beschäftigen mit der Fermento-Ernährungsweise die Kriterien einer Essstörung nach der Klassifikation der psychiatrischen Erkrankungen erfüllt.

Da im Rahmen der Fermentation biogene Amine entstehen, können gerade beim Verzehr sehr großer Mengen auch Kopfschmerzen, Hautjucken, Kreislaufprobleme und andere allergieartige Beschwerden auftreten

WAS MUSS ICH BEIM KAUF VON FERMENTIERTEN LEBENSMITTELN BEACHTEN?

Wichtig ist zu checken, ob die Lebensmittel auch wirklich nur fermentiert sind oder nicht doch auch pasteurisiert, also erhitzt, wurden. Denn dann findet man keine lebenden Mikroben mehr.

Gerade bei fermentiertem Gemüse, das im Supermarkt, im Asialaden oder im Drogeriemarkt außerhalb von Kühlregal oder Frischetheke angeboten wird, ist dies häufig der Fall. So ist zum Beispiel auch Sauerkraut in Dosen oder Gläsern meist pasteurisiert. Wir empfehlen deshalb frisches Sauerkraut.

WIE KANN ICH FERMENTO AM EINFACHSTEN IN MEINEN ALLTAG INTEGRIEREN?

Aus den klinischen Studien, die Gesundheitseffekte von fermentierten Lebensmitteln nachweisen konnten, wird deutlich: Der tägliche Konsum von gesundheitserhaltenden fermentierten Lebensmitteln ist der entscheidende Punkt. Dabei müssen die Mengen nicht groß sein. Täglich 100 Gramm Kimchi, frisches Sauerkraut oder ein anderes fermentiertes Gemüse, täglich einen Joghurt, ein Glas Kefir oder ein anderes fermentiertes Milchprodukt, das sollte Ihr Ziel sein.

Weitere fermentierte Lebensmittel und Getränke können den Fermento-Alltag aufpeppen, spannend halten und zusätzliche Geschmacks- sowie Gesundheitsaspekte ins Spiel bringen.

Selbst gemacht

Fermentieren ist gar nicht so schwer. Für Gemüse benötigen Sie im Prinzip lediglich das gewünschte Lebensmittel, Salzwasser und ein luftdicht verschließbares Einmachglas. Ebenso einfach ist das Herstellen von Joghurt oder Kefir. Wenden Sie Ihr neu gewonnenes Wissen also mutig an, Wir zeigen Ihnen wie!

Umsetzung im Alltag

Wer bisher wenig fermentierte Lebensmittel gegessen hat, sollte langsam einsteigen. Denn gerade bei sensitiven Menschen kann ein Darm, der dies nicht gewohnt ist, mit vorübergehenden Verdauungsbeschwerden reagieren. Wichtig ist es grundsätzlich auch, die goldene Regel einer gesunden Kost zu befolgen: Ernährung soll ausgewogen sein! Eine zu einseitige Ernährung oder ein Zuviel von einem einzigen Lebensmittel ist kontraproduktiv. Nur mit Abwechslung können Sie alle Vorteile der Fermento-Lebensweise nutzen. Letztendlich gibt es noch keine wissenschaftlichen Daten, wie viel zu viel ist, was man aber sagen kann, ist, dass der tägliche Konsum mindestens eines fermentierten Lebensmittels zu empfehlen ist.

KLEIN ANFANGEN

Wichtig ist zudem bei jeder Ernährungsumstellung, dass sie einfach und praktikabel sein sollte. Man geht von mindestens zwei Monaten aus, bis sich der Mensch an ein neues Verhalten gewöhnt hat. Wenn Sie also sowieso schon ein Müsli zum Frühstück essen, warum das Ganze nicht mit einem großen Esslöffel Naturjoghurt verfeinern? Vielleicht ist es ja auch einen Versuch wert, den Kaffee durch eine Tasse schwarzen Tee zu ersetzen. Oder zum Abendbrot eines der vielen verschiedenen Kimchis auszuprobieren – zusätzlich zum Sauerteigbrot. Sie sehen, eigentlich ganz einfach diese Fermento-Kost.

DER GANZE ERNÄHRUNGSKREIS

Sie haben inzwischen schon viele fermentierte Lebensmittel kennengelernt. Aus nahezu allen Gruppen des Ernährungskreises gibt es mindestens ein Produkt, das fermentiert ist: Neben den bereits mehrfach erwähnten Lebensmitteln fallen uns bei Obst auch gleich die sensationellen Salzzitronen oder indische Aprikosen-Chutneys ein. Bei den Fetten und Ölen zählt auf alle Fälle die Sauerrahmbutter dazu (die natürlich auch irgendwie zu den Milchprodukten gehört). Sie hat gegenüber der Süßrahmbutter den Vorteil, dass sie wieder mit den guten Milchsäurebakterien versetzt wird und dann erst reift. Ein Vorteil für das Mikrobiom!

Grundwissen & Ausstattung

Fermentieren kann jeder. Und wir stellen Ihnen in diesem Kapitel einige Basisrezepte vor, die wirklich leicht umzusetzen sind. Natürlich gibt es auch Zubereitungen, die komplizierter sind und mehrere Wochen brauchen, bis das Ergebnis fertig ist, aber das ist dann etwas für Fortgeschrittene, die sich tiefer in die Materie einarbeiten möchten.

WAS BRAUCHEN SIE ZUM START?

Ein Schneidebrett, ein scharfes Messer, eine Waage, Drahtbügelgläser in verschiedenen Größen, Gläser mit Schraubverschluss und ein Thermometer sollten ganz oben auf Ihrer Liste stehen. Daneben gibt es Dinge, die das Leben einfacher machen, die jedoch nicht unbedingt benötigt werden. Dazu gehören ein Gemüsehobel, spezielle Fermentiergläser und Gewichte zum Beschweren. Auch ein Holzstampfer erleichtert die Arbeit. Für manche Rezepte benötigen Sie zudem Starterkulturen oder Salz und Wasser. Bevor es nun wirklich losgehen kann, noch ein paar wichtige Hinweise, die ein Gelingen garantieren.

1. DIE RICHTIGE TEMPERATUR

Bakterien und Pilze mögen es warm und feucht. Allerdings nicht zu warm, dann sterben sie ab, und auch nicht zu kalt, dann vermehren sie sich kaum. Bei manchen Rezepten ist es daher wichtig, auf die richtige Temperatur zu achten *(siehe Joghurt-Herstellung, hintere Innenklappe)*. Sie werden in unseren Rezepten drei verschiedene Temperaturangaben finden, das sind:

- *Raumtemperatur: ca. 18–25 °C*
- *die Temperatur an einem lichtgeschützten Ort (zum Beispiel Keller), der deshalb dunkel sein sollte, weil sich sonst im Licht die Temperatur erhöht: 7–15 °C*
- *Kühlschranktemperatur: ca. 5 °C*

ALTES WISSEN LEBENDIG MACHEN

Es ist eigentlich noch nicht so lange her, dass unsere Großeltern oder Urgroßeltern noch sehr viel Wissen zum Thema Haltbarmachung durch Fermentation hatten und dies auch regelmäßig zum Beispiel bei der Sauerkraut-Herstellung anwendeten. Heute sehen wir das Fermentieren jedoch eher als Geschmacksveredelung und unter dem Gesundheitsaspekt. Vielleicht wird aber mit der Nachhaltigkeitsbewegung auch wieder das Thema Haltbarmachung ohne Energieverbrauch in ein neues Licht gerückt.

Wenn Sie keinen kühlen und lichtgeschützten Raum haben, ist es ratsam, im Kühlschrank über einen dann längeren Zeitraum zu fermentieren. Außerdem ist der Kühlschrank der richtige Platz für die sachgemäße Lagerung von fertig Fermentiertem nach dem Öffnen des Glases.

2. HYGIENE

Manche Fermentierfans schwören auf die Bakterien ihrer eigenen Haut, um die besten Aromen aus ihren Lebensmitteln herauszukitzeln. Sie arbeiten ohne Handschuhe oder Stampfer und mixen die Lebensmittel mit der bloßen Hand. Für den Anfang empfehlen wir Ihnen jedoch sauber und hygienisch zu arbeiten. Kochen Sie Gläser und Deckel, die Sie verwenden, gut ab. Schneidebretter und Messer sollten spülmaschinenrein und trocken sein. Natürlich sind auch die Gewichte hygienisch rein zu halten. Sollten Sie sich für Schraubdeckelgläser entscheiden, empfehlen wir, die Deckel regelmäßig auszutauschen, da die Gummis in den Deckeln sehr schnell porös und unhygienisch werden.

Hygiene erhöht die Haltbarkeit

Auch nach der Fermentation sollten sie auf Sauberkeit achten. Verwenden Sie zur Entnahme aus dem Glas niemals einen Löffel, den Sie schon im Mund hatten. Achten Sie auf raschen Verzehr, denn sobald das Ferment mit Sauerstoff und in der Luft schwirrenden Aerosolen in Berührung kommt, kann es verderben. Daher sollten die Fermente nach der Entnahme auch wieder komplett mit Salzlake oder Saft bedeckt sein.

Qualität der Ausgangsprodukte

Auch bei der Auswahl und Behandlung der Fermente ist Vorsicht geboten: Gründlich waschen, gut abtropfen lassen und gegebenenfalls mit einem Küchenkrepp abtrocknen. Das reduziert unerwünschte Mikroben! Manche von Ihnen haben vielleicht Bedenken bezüglich der Botulismusgefahr. Botulismus entsteht durch die Vermehrung des Bakteriums Clostridium botulinum, das wiederum Botulinumtoxin produziert, das zu Vergiftungen führt, die im schlimmsten Fall tödlich enden können. Das Problem besteht aber hauptsächlich bei vakuumverpackten Lebensmitteln und Konserven, da Clostridien sich gerne in einer sauerstofffreien Umgebung vermehren. Nichtsdestotrotz gibt es immer wieder Fälle, die auf fermentierte Lebensmittel zurückzuführen sind. In Deutschland gab es seit 2010 im Schnitt aber nur einen Botulismusfall pro Jahr.

Botulismusgefahr minimieren

Wie kann man das vermeiden? Clostridien mögen keine Säure, deshalb ist das Risiko eines durch Speisen verursachten Botulismus

Tipp

Stellen Sie alle Fermentierutensilien nach dem Spülen auf ein frisches Küchentuch und lassen Sie Ihre Gerätschaften gut von allen Seiten in der Sonne trocknen.

bei der Milchsäurefermentation vernachlässigbar gering. Vor allem wenn Sie beim Fermentieren auf Lebensmittel verzichten, die von Natur aus einen geringen Säuregehalt aufweisen. Das sind Spargel, grüne Bohnen, Rote Beten, Mais, Kartoffeln, manche Tomatensorten, Feigen, Fleisch, Fisch und Meeresfrüchte. Halten Sie sich darüber hinaus exakt an die Vorgaben der Rezepte. Die Milchsäure und die Kohlensäure, die beim Fermentieren entstehen, verhindern die Vermehrung von Clostridien. Rezepte mit Salzlake verhindern zudem, dass sich schädliche Hefen und Schimmelpilze vermehren, da das Salz das Wasser bindet.

Schimmelbildung

Auch wenn man sich noch so sehr anstrengt, kann es passieren, dass sich unerwünschte Schimmelpilze in den Fermentationsansatz einschleichen. Vielleicht hat schon das Gemüse die kleinen Sporen mitgebracht, oder das Glas war nicht sauber genug. Dann muss das Lebensmittel leider in den Kompost wandern. Das gilt insbesondere bei eiweißreichen Fermenten wie Milchprodukten und ganz allgemein bei Flüssigkeiten, da sich die Schimmelkulturen hier sehr schnell ausbreiten, ohne dass man das von außen sieht. Manchmal wird empfohlen, sichtbaren Schimmel nur großzügig zu entfernen oder mit essiggetränkten Papiertüchern abzuwischen. Wir empfehlen dies nicht. Vertrauen Sie außerdem auf Ihren Geruchssinn. Wenn etwas nicht so riecht, wie es sonst immer riecht, lieber entsorgen.

Ablagerungen

Weißliche Ablagerungen am Boden des Glases sind tote Mikroben, also ungefährlich. Manchmal bilden sich, vor allem bei Salzlakeansätzen, auch Schleier auf dem Ansatz. Diese kann man mit einem sauberen Löffel entfernen, denn es handelt sich dabei um Kahmhefe, die man eigentlich essen kann. Sie unterscheidet sich von Schimmel durch ihre samt- und hautartige Konsistenz, ganz im Gegensatz zu Schimmelpilzen, die sich fleckenartig ausbreiten, pelzig werden und die Farbe von Grün zu Blau, Schwarz oder Rot ändern. Die Ursache für den Kahmhefe-Schleier ist meist eine zu geringe Salzkonzentration, denn Kahmhefen mögen kein Salz.

Schaum

Manchmal bildet sich beim Fermentationsprozess Schaum, vor allem bei eiweißreichen Lebensmitteln, dazu zählen auch Hülsenfrüchte. Solange dieser Schaum nicht von einem üblen Geruch begleitet wird, ist er im Rahmen der CO_2-Bildung unbedenklich. Nach Ende der Fermentation kann man ihn einfach mit einem Löffel abheben. Dies ist nicht zu verwechseln mit der normalen

Blasenbildung, die in den ersten fünf Tagen der Fermentation natürlicherweise auftritt. Wir empfehlen zu Beginn Fermentationsgläser (Bügelgläser mit speziellem Gummi oder Ventildeckel) zu verwenden, damit man die Gläser nicht immer aufmachen muss, um das überflüssige Gas entweichen zu lassen. Denn dies birgt die Gefahr des Sauerstoffkontakts und Schimmelsporeneintrags.

3. SALZ

Salz hat heute zu Unrecht einen schlechten Ruf, der vor allem daher rührt, dass wir einfach zu viel davon zu uns nehmen. Die Deutsche Gesellschaft für Ernährungsmedizin empfiehlt, einen täglichen Salzkonsum von 6 Gramm nicht zu überschreiten. Vor allem bei in Salzlake eingelegten Lebensmitteln, ist es deshalb durchaus angezeigt, diese vor dem Verzehr gut abtropfen zu lassen oder eventuell sogar abzuspülen, denn eine sehr salzreiche Ernährung lässt den Blutdruck steigen. Viele Fermentationsprozesse laufen jedoch nur mit der Hilfe von Salz ab. Welches Salz sie verwenden, bleibt Ihnen überlassen. Im Gegensatz zu gängiger Meinung ist aber teures Meersalz nicht gesünder, sondern aufgrund seines geringen Jodgehaltes aus medizinischer Sicht nicht zu empfehlen. Wir raten, jodiertes und fluoriertes Speisesalz zu verwenden, da Sie damit auch Ihrer Schilddrüse und Ihren Zähne Gutes tun.

Salzlake herstellen

Für die Herstellung der Salzlake zum Fermentieren von Gemüse, Obst oder Eiern, also für das Auflösen von Kochsalz in Wasser, können Sie im Normalfall Wasser direkt aus der Leitung nehmen. Stark chloriertes Wasser führt jedoch zu einer Abtötung von Bakterien, was dem Fermentationsprozess nicht zuträglich ist. Sollten Sie also chloriertes Leitungswasser beziehen, manchmal ist dies auch in Deutschland der Fall, empfiehlt es sich, auf abgefülltes stilles Wasser mit pH-Wert 7 (neutral) zurückzugreifen. Das Salz, das Sie zugeben, dient dazu, schädlichen

SALZLÖSUNG – MENGENVERHÄLTNIS

Einige kennen es vielleicht noch aus dem Chemieunterricht: Für eine einprozentige Salzlösung verwenden Sie 10 Gramm Salz auf 1 Liter Wasser. Für eine zweiprozentige Lösung benötigen Sie 20 Gramm, für eine fünfprozentige 50 Gramm pro Liter Wasser.

Mikroben die Lebensgrundlage zu entziehen, damit sich Milchsäurebakterien und Hefen vermehren können. Es ist ratsam, die Salzlake beim Fermentieren als Erstes herzustellen, damit das Salz genügend Zeit hat, sich aufzulösen. Grobkörniges Salz ist nicht so ideal, weil es lange dauert, bis es sich komplett gelöst hat. In manchen Rezepten wird ein- oder zweiprozentige Salzlösung verwendet, in manchen fünfprozentige *(siehe Kasten Seite 73)*. Je höher der Salzgehalt ist, desto langsamer laufen die Fermentationsprozesse ab. Für ein schnelleres Ergebnis ist es deshalb gut, den Salzgehalt zu reduzieren. Dann ist es jedoch empfehlenswert, die Fermentation bei kühleren Temperaturen im Kühlschrank ablaufen zu lassen, um die Gefahr des Verderbens zu minimieren.

4. STARTERKULTUREN

Neben dem Einlegen in Salz, der sogenannten Spontangärung, gibt es Methoden der Fermentation, für die Starterkulturen benötigt werden. Starterkulturen brauchen Sie zum Beispiel für Sauerteig, Joghurt und Kefir. Wir empfehlen, zu Beginn auf die handelsüblichen Kulturen zurückzugreifen, da es sich dabei um sogenannte Reinkulturen handelt, die zu schnellen Erfolgen führen. Sie wissen dann genau, welche Mikroben enthalten sind und welche Umgebungsbedingungen diese benötigen.

Mischkulturen

Das selbstständige Züchten eines Starters ist zwar nicht schwer, man weiß dann jedoch nicht, welche Bakterien und Hefen genau vorhanden sind und spricht von einer sogenannten unreinen oder wilden Mischkultur. Mischkulturen werden benötigt für Sauerteig, Kefir, Kombucha oder Essig. Sie werden als »Knolle« oder als »Mutter« bezeichnet und sind sehr pflegeleicht. Auch Mischkulturen kann man kaufen.

Joghurt- und Essig-Herstellung

Beim Joghurt bietet es sich an, den Lieblingsjoghurt (natur) zu kaufen und damit die Milch zu »beimpfen«. Aber auch für Joghurt gibt es standardisierte Starterkulturen in vorgegebenen Geschmacksrichtungen. Dieses Beimpfen kommt auch bei der Essig-Herstellung zum Einsatz, wenn Alkohol mit einer Starterkultur versetzt wird, oder in einem etwas komplizierten Prozedere bei Miso. Das Endprodukt bei der Joghurt- oder Essig-Herstellung wird dann als Starter für die nächste Generation verwendet. Je öfter man diesen Vorgang wiederholt, desto verunreinigter ist die Kultur, da wir im Haushalt ja nicht unter sterilen Bedingungen arbeiten. Dann beginnt man von vorne und kauft eine neue Reinkultur. Manche Starterkulturen können auch getrocknet oder eingefroren werden und bleiben so länger haltbar. Allerdings gelingt dies bei den Reinkulturen besser als bei selbst gezüchteten Startern.

Starterkulturen pflegen

Einmal genutzt wollen Starterkulturen gepflegt und gefüttert werden. Man bewahrt sie zum Beispiel in einem Glas im Kühlschrank auf, holt sie einen Tag vor der erneuten Zubereitung in die Raumtemperatur und startet einen erneuten Fermentationsprozess, das ist zum Beispiel beim Sauerteig *(siehe vordere Innenklappe)* der Fall.

5. GLÄSER UND WERKZEUGE

Wenn Sie Obst und Gemüse fermentieren wollen, ist es zu Beginn sinnvoll, sogenannte Gärgläser anzuschaffen, entweder mit speziellem Gummi als Bügelglas oder mit eingebautem Ventil im Deckel. Aber natürlich funktioniert das Ganze auch mit einem normalen Schraubdeckelglas, es ist nur aufwendiger, immer wieder das entstehende CO_2 durch Aufschrauben entweichen zu lassen. Die Größe der Gläser hängt mit der Anzahl der Personen in Ihrem Haushalt zusammen. Ein halber oder ein ganzer Liter Füllungsvermögen sind für den Anfang aber sicher ausreichend. Zu kleine Gläser mit kleiner Öffnung bergen die Gefahr, dass Sie sie nicht ordentlich befüllen können. Zu große Gläser enthalten oft zu viel Luft über dem Fermentat, das schadet dem Fermentationsprozess. Verrostete Drahtbügel oder poröse Gummis sollten Sie ersetzen. Weißglas hat den Vorteil, dass Sie sehen können, was im Glas so vor sich geht. Natürlich gibt es auch eine Vielzahl an Keramiktöpfen, diese empfehlen wir allerdings nicht, da eine sichere Reinigung nicht gewährleistet ist. Kunststoffbehälter empfehlen wir ebenfalls nicht, da die Säuren den Kunststoff angreifen können. Bei Gläsern mit metallenem Schraubverschluss ist es ratsam, zwischen Deckel und Glas eine Frischhaltefolie zu legen, damit das Fermentat keinen direkten Kontakt zum Metall bekommt.
Auch um die Annahme von Gerüchen zu verhindern kann es sinnvoll sein, eine fein gelochte Frischhaltefolie zwischen Schraubdeckel und Glas einzulegen. Weitere Werkzeuge wie Hobel, Waage, Thermometer und Stampfer wurden vorhin schon erwähnt, auch das Schneidebrett und ein scharfes Messer. Wählen Sie stets leicht zu reinigende Werkzeuge, das erspart Ihnen viel Arbeit.
Wie für alles in der Küche gibt es natürlich auch für das Fermentieren elektrische Geräte. Gärautomaten, die eine konstante Temperatur gewährleiten, sind gerade bei der Joghurtzubereitung *(siehe hintere Innenklappe)* sehr praktisch. Diese »Joghurtmaschinen« sind preiswert (ab ca. 20 Euro) zu erwerben und halten meist auch sehr lange. Auch moderne Backöfen bieten manchmal ein spezielles Joghurtprogramm an.

EINLEGEN UND BESCHWEREN

Wichtig beim Einlegen in Flüssigkeiten ist, dass die Fermente unterhalb der Wasserlinie gehalten werden. Der Kontakt mit der Luft im Glas könnte sonst zu einer Besiedelung mit Mikroben führten, die Sauerstoff lieben (Aerobier) und bei der Milchsäuregärung nichts verloren haben. Denn dann sind auch Schimmelpilze und Kahmhefen nicht weit. Hier kommen nun Stampfer und Gewichte ins Spiel. Gewichte gibt es aus Glas, Keramik, Ton oder Holz. Wiederverwendbare Holzgewichte empfehlen wir aufgrund der schwierigen Reinigung allerdings nicht. Weitere Möglichkeiten, um Gemüse unten zu halten, sind weiche Holzstäbchen, die wie ein Schirmgestell über dem Ferment platziert werden, oder saubere mit Salzlake gefüllte Tüten.

FERMENTATION VON MILCH

Ein paar Worte zum Thema Milch: Rohmilch ist unbehandelte Milch, sozusagen frisch vom Euter. Der Verkauf an den Verbraucher und auch der unentgeltliche Ausschank ist in Deutschland verboten. Es gibt auch sogenannte Vorzugsmilch, die hygienischen Ansprüchen an das Melken genügen muss. Diese muss durchgehend gekühlt sein und darf nur eine bestimmte Lagerungszeit aufweisen. An Gemeinschaftseinrichtungen darf sie nicht vertrieben werden. Manche Kochbücher empfehlen Rohmilch als Ausgangsprodukt bei der Fermentation. In unseren Rezepten ist pasteurisierte frische Vollmilch oder auch ultrahocherhitzte H-Milch vorgesehen, da so die gesundheitlichen Risiken (zum Beispiel Listeriose) reduziert werden. Auch von Vorzugsmilch raten wir ab. Im Abschnitt Starterkulturen haben Sie schon vom Beimpfen der Milch gehört. Alle folgenden Rezepte benötigen diese Starter, da wir eben nicht mit Roh- oder Vorzugsmilch, die sehr viele Mikroben enthalten, arbeiten. Sie können Reinkulturstarter kaufen oder Vorgängerprodukte (Joghurt), Molke beziehungsweise für die Käse-Herstellung Lab verwenden.

Basisrezepte

Bevor Sie im Rezeptteil dieses Buches schmökern, wollen wir Ihnen noch ein paar Basisrezepte vorstellen, mit denen es leicht gelingt, Fermentiertes in die tägliche Ernährung zu integrieren. Weitere Grundrezepte für Joghurt und die Sauerteige »Hermann« und »Siegfried« finden Sie in den Innenklappen dieses Buches.

MILCHSAUERES GEMÜSE

Gemüse sollte jeden Tag in Ihrer Ernährung Platz finden. Milchsauer eingelegt kommt es rund um den Globus in fast allen Kulturen vor. Welches Gemüse Sie einlegen, bleibt Ihnen überlassen, denn das Grundrezept ist eigentlich immer gleich. Sie benötigen dazu maximal eine Salzlake. Für das KImchi-Rezept, das wir Ihnen auf der nächsten Seite vorstellen, müssen Sie aber nicht einmal eine Salzlake herstellen, das Gemüse wird nur eingesalzen und die dabei entstehende Flüssigkeit wird als Lake verwendet. Keep it simple!!

MILCHGETRÄNK

Auf Milch basierende Fermentationsprodukte sind in unserer Ernährung weit verbreitet, daher haben wir uns für Kefir als fermentiertes Basisgetränk in diesem Ratgeber entschieden. Zudem ist Kefir fast laktosefrei! Im Handel gibt es für Kefir gute Starter, die leicht einzusetzen sind. Natürlich können Sie den Kefirpilz auch zu Hause halten, Sie müssen ihm dann aber viel Zeit und Pflege widmen.

SAUERTEIG

Das Backen von Sauerteigbroten ist eine Wissenschaft für sich. Wir könnten ein ganzes Buch dazu füllen. Das ist aber nicht die Intention des Fermento-Lebensstils, wir möchten es einfach halten, damit Sie nicht gleich wieder die Freude daran verlieren. Unsere Empfehlung ist deshalb ein Sauerteigbrot Typ III mit einem trockenen Sauerteigstarter ohne stundenlange Teigführung, den Sie in jedem gut sortierten Drogeriemarkt erwerben können. Sie können das Brot in einer Backform, einem Topf oder auf dem Blech backen. Am besten eignet sich ein gußeisener Brottopf.

KIMCHI

1 000 g Weißkohl (alternativ Rotkohl) • 15 g Salz • Wacholderbeeren nach Belieben • 1 Prise Kreuzkümmel nach Belieben • 1 Möhre nach Belieben
Außerdem: 1 Fermentierglas mit 1 l Volumen • 1 Glasgewicht oder 1 Gefrierbeutel mit Salzlake

1. Weißkohl putzen und das erste schöne Blatt beiseitelegen. Den Kohlkopf dann vierteln, den Strunk entfernen und den Kohl in ca. 2 mm breite Streifen hobeln.
2. Kohl in einer großen Schüssel mit dem Salz vermengen und nach Belieben Gewürze und die geraspelte Möhre dazugeben.
3. Gemüse abgedeckt ca. 1 Std. bei Raumtemperatur stehen lassen. Dann alles in das Fermentierglas geben und mit einem Holzstampfer oder Kochlöffel gut in das Glas pressen, bis das ganze Gemüse von Flüssigkeit bedeckt ist.
4. Das einzelne Kohlblatt über das Gemüse legen und alles mit einem Glasgewicht oder dem gefüllten Gefrierbeutel beschweren, damit bei der Fermentation durch die entstehenden Gase das Gemüse nicht nach oben schwimmt und mit Sauerstoff in Kontakt kommt.
5. Das Glas bei Raumtemperatur für max. 2 Tage stehen lassen (Achtung: nicht in der Sonne!). Dann für die weitere Fermentation 3-4 Wochen in den dunklen Kühlschrank stellen. Nach 3 Wochen mit einem sauberen Löffel testen, ob das Kraut weich und sauer genug für den Verzehr ist.

Tipp

Sollte beim Einfüllen in das Glas nicht genug Flüssigkeit entstanden sein, stellen Sie eine zweiprozentige Salzlake (20 g Salz/1 l Wasser) her und füllen das Glas damit bis ca. 1 cm über dem Gemüse auf. In den folgenden Tagen sollten Sie das Glas immer wieder kurz aufmachen, um das CO_2 entweichen zu lassen.
Bei speziellen Fermentiergläsern mit Ventil entfällt dies, dadurch sinkt die Gefahr von Verunreinigungen.

KEFIR

500 ml zimmerwarme Milch • 1 EL (ca. 15 g) Kefirknollen aus dem Drogeriemarkt
Außerdem: 1 Fermentierglas

1. Die Kefirknolle und die Milch ins Fermentierglas geben und gut umrühren. Das Glas verschrauben und bei Raumtemperatur lichtgeschützt 1-2 Tage stehen lassen.
2. Den fertigen Kefir in ein sauberes Gefäß (Flasche) abseihen. Er ist im Kühlschrank max. mal 1 Woche haltbar.

Tipp

Wichtig bei der Kefir-Herstellung ist, nur Kochwerkzeuge aus Glas und Kunststoff zu verwenden, da die Knollen kein Metall mögen. Benutzte Knollen können Sie mit kaltem Wasser abspülen und schon sind sie einsatzbereit für den nächsten Ansatz. Wenn Sie mal keine Lust auf neuen Kefir haben, können Sie die Knollen in ein Glasgefäß mit etwas Milch legen und im Kühlschrank zugedeckt aufbewahren. Abgespült und abgetrocknet können die Knollen auch eingefroren werden. Nach dem Auftauen in handwarmes Wasser geben und für den ersten Ansatz nur mit etwas Milch bedecken.

SAUERTEIGBROT TYP III

1 Päckchen trockener Sauerteigstarter • 500 g Roggenvollkornmehl • 500 g Weizenvollkornmehl • 2 Päckchen Trockenhefe • 1 TL Salz • 750 ml lauwarmes Wasser

1. Ofen auf 200° Ober-/Unterhitze vorheizen.
2. Alle trockenen Zutaten vermengen, dabei die Hinweise auf dem Starterpäckchen beachten. 750 ml lauwarmes Wasser dazugeben und alles mit den Knethaken des Rührgerätes mind. 5 Min. durchkneten.
3. Den Teig 1 Std. an einem ruhigen, warmen Ort mit einem Tuch abgedeck gehen lassen, bis er sich verdoppelt hat.
4. Teig mit etwas Mehl bestäuben, mit sauberen Händen durchkneten und zu einem Brot formen. Brot nochmals 30 Min. abgedeckt gehen lassen.
5. Das Brot mit einem scharfen Messer kreuzförmig einschneiden und ca. 1 Std. im Ofen backen. Auf einen Rost stürzen und vor dem Anschneiden gut auskühlen lassen.

Tipp

Für eine knusprige Kruste empfiehlt es sich, beim Backen mit einer Brotbackform oder auf dem Blech eine kleine feuerfeste Form mit Wasser in Ofen zu stellen.

»Gärküche«

Lernen Sie auf den folgenden Seiten leckere Rezepte für einen gesunden Lebensstil kennen und genießen Sie Fermento-Kost vom Frühstück bis zum Abendessen.

Frühstück

Was gibt es Schöneres, als den Tag mit einer Mahlzeit zu beginnen, die nachweislich zu einem gesünderen Lebensstil beiträgt? Lassen Sie sich von unseren Rezeptideen inspirieren. Vielleicht wird das eine oder andere davon schon bald zu Ihrem Lieblingsfrühstück.

BEEREN-SMOOTHIE-BOWL MIT BUTTERMILCH

Buttermilch ist oft besser bekömmlich als Frischmilch, da das schwer verdauliche Casein (Milcheiweiß) bereits von den Laktobakterien aufgespalten wurde. Ideal bei empfindlichem Magen!

Für 2 Portionen
20 Min. Zubereitung
Pro Portion ca. 350 kcal, 14 g E, 10 g F, 49 g KH

---

1 Rote Bete (ca. 100 g, vorgegart, vakuumiert)
1 Stück Ingwer (ca. 1,5 cm)
40 g Baby-Blattspinat
1 Banane
300 g Beeren (z. B. Heidelbeeren, Brombeeren, Himbeeren)
1 EL Zitronensaft
300 ml Buttermilch (max. 1 % Fett)
1 EL Mandelblättchen
1 EL Sonnenblumenkerne
1 EL Kürbiskerne
3 EL kernige Haferflocken

SCHNELLE KÜCHE · VEGETARISCH

1. Die Rote Bete grob würfeln. Ingwer schälen und reiben. Den Spinat verlesen, abbrausen und trocken schütteln. Die Banane schälen und in grobe Stücke schneiden. Die Beeren verlesen, kurz abbrausen und abtropfen lassen, dabei 100 g Beeren zum Garnieren beiseitelegen.
2. Rote Bete, Banane, Beeren, Ingwer, Spinat und Zitronensaft in den Standmixer geben und mit der Buttermilch auffüllen. Die Zutaten im Mixer zuerst auf niedriger, dann auf höchster Stufe fein pürieren.
3. Für das Topping die Mandeln sowie die Sonnenblumen- und Kürbiskerne in einer beschichteten Pfanne ohne Fett rösten, bis sie duften, dann kurz abkühlen lassen.
4. Smoothie in zwei große Schalen (Bowls) geben, mit Flocken, gerösteten Kernen sowie übrigen Beeren anrichten.
(siehe Foto Seite 82)

Gute Bekömmlichkeit

Wie alle Sauermilchprodukte wirkt sich auch die fettarme Buttermilch günstig auf das Mikrobiom aus: Zur Herstellung werden Milchsäurebakterien eingesetzt, die den Milchzucker in Milchsäure umwandeln. Dadurch ist die saure Milch meist auch für Menschen mit einer leichten Laktoseintoleranz bekömmlich.

ERDBEERQUARK MIT LEINÖL

Geschmacksexplosion am Gaumen: Dank Gewürzen wie Kardamom und Zimt bekommt der fermentierte Quark in diesem Rezept einen exotischen Touch.

Für 2 Portionen
20 Min. Zubereitung
Pro Portion ca. 475 kcal, 28 g E, 26 g F, 28 g KH

300 g Magerquark
4 EL Milch (1,5 % Fett)
2 EL Leinöl
2 TL flüssiger Honig (nach Belieben)
1 säuerlicher Apfel (z. B. Elstar)
1 EL Zitronensaft
150 g Erdbeeren
100 g blaue kernlose Weintrauben
¼ TL Zimtpulver
1 Msp. gemahlener Kardamom
30 g Walnusskerne
1 EL Sonnenblumenkerne
2 EL geschrotete Leinsamen

SCHNELLE KÜCHE · VEGETARISCH

1. Quark, Milch, Leinöl und nach Belieben den Honig in einer Schüssel mit dem Schneebesen cremig verrühren.
2. Den Apfel waschen, vierteln, entkernen und in mundgerechte dünne Scheibchen schneiden. Diese sofort mit Zitronensaft beträufeln.
3. Erdbeeren abbrausen, putzen und je nach Größe halbieren oder vierteln. Trauben waschen, von den Stielen zupfen und halbieren. Die Früchte vorsichtig mit Zimt und Kardamom mischen und zwei Drittel davon in Schalen geben. Die Leinöl-Quark-Creme darauf verteilen.
4. Walnüsse grob hacken und mit den Sonnenblumenkernen in einer beschichteten Pfanne ohne Fett bei mittlerer Hitze rösten, bis sie duften. Die Kerne kurz abkühlen lassen, dann mit den Leinsamen auf die Creme streuen. Den Quark mit dem übrigen Obst belegen und servieren.

Fruktosefreie Alternative

Wer unter einer Fruktoseintoleranz leidet, kann Früchte und Honig weglassen und stattdessen eine pikante Variante des Leinöl-Quarks, zum Beispiel mit Gemüse wie Gurke, Radieschen, Frühlingszwiebeln und Kirschtomaten, zubereiten. Mit Salz, Pfeffer und gehackten Kräutern würzen und genießen.

OVERNIGHT-MÜSLI MIT ZITRUSFRÜCHTEN

Bereit für einen energiegeladenen Start in den Tag? Die Milchsäurebakterien in diesem Muntermacher mit viel Joghurt haben bereits ausgeschlafen und stehen bereit für einen Frische-Kick.

Für 2 Portionen
15 Min. Zubereitung • 8 Std. Quellen
Pro Portion ca. 480 kcal, 18 g E, 22 g F, 4 g KH

---

60 g zarte Haferflocken
20 g geschrotete Leinsamen
300 g Joghurt (1,5 % Fett)
30 g Haselnusskerne
20 g Kürbiskerne
1 EL Reissirup
1 Orange
1 rosa Grapefruit
1 EL ausgelöste Granatapfelkerne

VEGETARISCH

LOW CARB

1. Am Vorabend Haferflocken, Leinsamen und Joghurt in einer Schüssel verrühren und über Nacht abgedeckt im Kühlschrank quellen lassen.

2. Am nächsten Tag die Haselnusskerne hacken, mit den Kürbiskernen in einer beschichteten Pfanne ohne Fett bei mittlerer Hitze anrösten, bis sie duften, und auf einem Teller abkühlen lassen. Zwei Drittel der Kernemischung und den Reissirup unter den Flockenbrei mischen.

3. Orange und Grapefruit jeweils so schälen, dass die weiße Haut vollständig entfernt wird. Die Filets zwischen den Trennhäuten herausschneiden, den abtropfenden Saft dabei auffangen. Zwei Drittel der Fruchtfilets quer in Stücke schneiden und mit dem Zitrussaft unter das Müsli rühren. Dieses mit den restlichen Orangen- und Grapefruitfilets belegen und mit dem übrigen Kerne-Mix sowie den Granatapfelkernen bestreut servieren.

Ballaststoffe für den Darm

Hafer enthält reichlich Beta-Glucane, die zu den löslichen Ballaststoffen zählen und vom Körper nicht verwertet werden. Sie verbessern aber als Präbiotika die Darmgesundheit: Sie quellen stark auf und werden vom Mikrobiom zu kurzkettigen Fettsäuren abgebaut – den wichtigsten Energiequellen für die Darmschleimhautzellen.

BEERENJOGHURT MIT MEHRKORNFLOCKEN

Der Geschmack des Sommers in Kombination mit milchsaurem Joghurt bringt Ihre Geschmacksknospen an heißen Tagen zum Jubeln. Mehrkornflocken sorgen für den richtigen Crunch.

Für 2 Portionen
15 Min. Zubereitung
Pro Portion ca. 395 kcal, 12 g E, 18 g F, 47 g KH

- 75 g Mehrkornflocken (Mischung)
- 40 g Kokos-Chips
- 250 g gemischte Beeren (z. B. Rote Johannisbeeren, Heidelbeeren, Himbeeren)
- 300 g Joghurt (1,5 % Fett)
- ½ TL gemahlene Vanille
- 2 TL Ahornsirup (nach Belieben)

---

1. Die Flockenmischung und die Kokos-Chips in einer beschichteten Pfanne ohne Fett bei mittlerer Hitze goldbraun rösten, dann herausnehmen und auf einem Teller abkühlen lassen. Die Beeren verlesen, abbrausen und gut abtropfen lassen, gegebenenfalls von den Rispen streifen. Den Joghurt und die Vanille in einer Schüssel glatt verrühren.

2. Von den Beeren 2 EL für die Garnitur beiseitelegen, übrige Beeren auf zwei Schalen verteilen. Vanillejoghurt darübergeben und mit der Kokos-Flocken-Mischung bestreuen. Die übrigen Beeren daraufstreuen, das Müsli nach Belieben mit je 1 TL Ahornsirup beträufeln und servieren.

Variante

Sie können die frischen Beeren durch eine TK-Beerenmischung ersetzen und diese über Nacht im Kühlschrank auftauen lassen.

PAPAYA-CARPACCIO MIT HÜTTENKÄSE

Hüttenkäse in neuem Gewand! Dieses Rezept überrascht mit einer Mischung aus süßen und herzhaften Aromen. Das schmeckt und fördert gleichzeitig die Gesundheit.

Für 2 Portionen
20 Min. Zubereitung
Pro Portion ca. 320 kcal, 17 g E, 16 g F, 14 g KH

1 EL ungesalzene Pistazienkerne
1 EL Mandeln
1 EL Cashewkerne
1 reife Papaya (ca. 450 g)
2 EL Limettensaft
2 TL Reissirup (nach Belieben)
10 Minzblätter
200 g körniger Frischkäse
(mind. 20 % Fett i. Tr.)

SCHNELLE KÜCHE · LOW CARB · VEGETARISCH

1. Pistazien, Mandeln und Cashewkerne in einer beschichteten Pfanne ohne Fett bei mittlerer Hitze rösten, bis sie duften, dann auf einem Teller abkühlen lassen.

2. Papaya schälen, vierteln, entkernen, längs in feine Scheiben schneiden und diese fächerartig auf zwei Tellern auslegen. Limettensaft und nach Belieben Reissirup in einer Tasse verrühren und darüberträufeln.

3. Die Minzblätter kurz abbrausen, einige zum Garnieren beiseitelegen, die übrigen in feine Streifen schneiden. Den Mandel-Nuss-Mix grob hacken, zusammen mit den Minzstreifen auf die Papaya streuen.

4. Mit einem Eisportionierer vom Frischkäse jeweils zwei Kugeln abstechen und auf das Carpaccio setzen. Dieses mit den Minzblättern garnieren und servieren.

GRÜNER SMOOTHIE MIT MATE

Vollgepackt mit gesunden Zutaten plus Wachmacher-Effekt wird dieser Smoothie Sie erfrischen und beleben! Statt Wasser und Matepulver können Sie selbst gebrühten Matetee verwenden.

Für 2 Portionen
15 Min. Zubereitung
Pro Portion ca. 85 kcal, 2 g E, 1 g F, 17 g KH

---

1 säuerlicher Apfel
½ Banane
1 Orange
½ Salatgurke (ca. 200 g)
30 g Baby-Blattspinat
20 g Rucola
1 EL Zitronensaft
1 TL Matepulver

SCHNELLE KÜCHE
VEGAN FOOD

1. Den Apfel waschen, vierteln und entkernen, die Banane schälen und beides in grobe Stücke schneiden. Orange samt der weißen Haut schälen und das Fruchtfleisch in grobe Stücke schneiden. Die Gurke waschen, schälen und in Würfel schneiden.

2. Spinat und Rucola verlesen, abbrausen und abtropfen lassen, dann grobe Stiele entfernen. Spinat und Rucola mit Apfel, Banane, Orange, Gurke, Zitronensaft und Mate in einen hohen Rührbecher oder den Standmixer geben.

3. 100 ml kaltes Wasser hinzufügen und alles erst auf niedriger, dann auf höchster Stufe mit dem Pürierstab beziehungsweise dem Standmixer fein pürieren. Falls der Drink zu dickflüssig ist, noch etwas Wasser zufügen und dieses kurz untermixen.

4. Den Mate-Smoothie in zwei hohe Gläser füllen und sofort genießen.

BUNTES GEMÜSE-PORRIDGE MIT EI

Porridge neu interpretiert mit körnigem Frischkäse und Radieschen – so wird der Haferbrei zu einem farbenfrohen Geschmackserlebnis und passt perfekt in die gesunde Fermento-Ernährung.

Für 2 Portionen
30 Min. Zubereitung
Pro Portion ca. 505 kcal, 32 g E, 21 g F, 40 g KH

250 ml Milch (1,5 % Fett)
250 ml Gemüsebrühe
Salz
Pfeffer
1 Msp. frisch geriebene Muskatnuss
100 g zarte Haferflocken
2 Eier (M)
8 Radieschen
2 dünne Frühlingszwiebeln
100 g Champignons
1 EL Olivenöl
1 EL Aceto balsamico
200 g körniger Frischkäse (mind. 20 % Fett i. Tr.)
½ Schälchen Kresse

1. Milch und Gemüsebrühe mit Salz, Pfeffer und Muskatnuss in einem Topf langsam aufkochen. Die Haferflocken unterrühren, kurz aufkochen und zugedeckt bei kleiner Hitze ca. 10 Min. quellen lassen.

2. Inzwischen die Eier in kochendem Wasser in 8–10 Min. hart kochen, dann kalt abschrecken und pellen.

3. Die Radieschen waschen, putzen und je nach Größe vierteln oder sechsteln. Frühlingszwiebeln putzen, waschen und schräg in feine Ringe schneiden. Pilze putzen und in dünne Scheiben schneiden.

4. Das Öl in einer Pfanne erhitzen und die Pilze darin bei großer Hitze ca. 3 Min. anbraten. Die Pilze mit Essig ablöschen und mit Salz und Pfeffer würzen.

5. Das Porridge in zwei Schalen füllen. Eier halbieren, zusammen mit den Radieschen, den Frühlingszwiebeln, den Champignons und dem Frischkäse auf dem Haferbrei anrichten. Die Kresse im Schälchen abschneiden. Porridge mit Kresse bestreuen und servieren.

VEGETARISCH

PIKANTE EIER IM GLAS MIT BROT-FRITTEN

Sauerteigbrot und körniger Frischkäse verleihen den noch leicht flüssigen Eiern das fermentierte Etwas. Dieses Gericht können Sie auch als Abendessen oder kleines Vesper genießen.

Für 2 Portionen
30 Min. Zubereitung
Pro Portion ca. 420 kcal, 25 g E, 23 g F, 28 g KH

je ½ rote und gelbe Paprika
1 kleine rote Zwiebel
2 EL Olivenöl
1 TL edelsüßes Paprikapulver
½ TL rosenscharfes Paprikapulver
125 ml Tomatensaft
Salz
Pfeffer
2 Eier (L)
2 Scheiben Sauerteigbrot (à ca. 50 g)
2 Stängel Basilikum
200 g körniger Frischkäse (mind. 20 % Fett i. Tr.)

VEGETARISCH

1. Paprika waschen, halbieren, von weißen Trennwänden und Kernen befreien und in ca. 5 mm große Würfel schneiden. Zwiebel schälen und fein würfeln.

2. 1 EL Öl in einem kleinen Topf erhitzen und Paprika sowie Zwiebel darin bei mittlerer Hitze zugedeckt ca. 5 Min. dünsten. Beide Paprikapulver unterrühren und kurz mitdünsten. Das Paprikagemüse mit Tomatensaft ablöschen und 5 Min. weiterdünsten, mit Salz und Pfeffer würzen.

3. Inzwischen die Eier in kochendem Wasser in 7 Min. nicht ganz hart kochen, kurz abschrecken und pellen. Das Brot in ca. 1 cm breite Streifen schneiden. Das übrige Öl in einer Pfanne erhitzen und die Brotstreifen darin bei mittlerer Hitze rundherum 3–4 Min. anrösten.

4. Basilikum abbrausen und trocken schütteln, die Blätter abzupfen. Ein paar Blätter zum Garnieren zur Seite legen, den Rest fein schneiden und unter den Frischkäse rühren. Den Frischkäse in zwei weite Gläser geben. Die Paprikasoße darauf verteilen. Die Eier halbieren und daraufsetzen. Die Eier im Glas mit dem übrigen Basilikum garnieren und die Brot-Fritten zum Stippen dazu servieren.

ROTE MÖHRENMILCH

Etwas säuerlich dank Joghurt, etwas cremig dank Sahne … Die rote Möhrenmilch ist nicht nur ein Blickfang, sie hat auch geschmacklich das Potenzial zum Lieblingsgetränk.

Für 2 Portionen • 10 Min. Zubereitung
Pro Portion ca. 275 kcal, 6 g E, 19 g F, 19 g KH

---

2 Möhren • 1 TL gehackte TK-Petersilie • 10 g Weizenkleie • 200 g Joghurt (3,5 % Fett) • 100 ml Sahne • 100 ml Rote-Bete-Saft • 1 TL Zitronensaft • Zucker

---

1. Die Möhren schälen, putzen, in grobe Würfel schneiden und in den Becher eines Standmixers geben. Petersilie, Weizenkleie, Joghurt, Sahne und Rote-Bete-Saft ebenfalls in den Becher geben und alles so lange mixen, bis eine homogene Masse entstanden ist.

2. Die rote Möhrenmilch mit etwas Zitronensaft und – je nach Vorliebe – mit etwas Zucker abschmecken, dann in zwei hohe Gläser füllen und genießen.

SPANISCHES OMELETT MIT MANCHEGO

In Spanien gehört Manchego zu den Grundnahrungsmitteln, denn der aromatische Käse aus fermentierter Schafsmilch passt perfekt zu vielen Gerichten – nicht nur zum Omelett.

Für 1 Portion • 25 Min. Zubereitung
Pro Portion ca. 420 kcal, 29 g E, 29 g F, 7 g KH

---

3 Eier • Salz • Cayennepfeffer • ½ TL getrockneter Oregano • 2 mittelgroße Tomaten • 1 Handvoll Rucola • 2 TL Sonnenblumenöl • 2 EL geriebener Manchego (span. Käse) • 1 EL Schnittlauchröllchen

---

1. Die Eier aufschlagen und in einer kleinen Schüssel verquirlen. Mit Salz, Pfeffer und Oregano würzen.

2. Die Tomaten waschen, vierteln, die Stielansätze entfernen und die Tomaten klein schneiden. Den Rucola waschen, trocken tupfen und grob hacken.

3. Für das Omelett 1 TL Öl in einer beschichteten Pfanne erhitzen, die Eimasse hineingießen und zugedeckt bei kleiner Hitze stocken lassen. Käse darüberstreuen. Tomaten und Rucola auf das Omelett geben, mit Salz würzen und mit dem restlichen Öl beträufeln. Das Omelett zusammenklappen, mit Schnittlauch bestreuen und sofort servieren.

Hauptgerichte

Herzhaft leckere Hauptgerichte mit fermentierten Lebensmitteln zuzubereiten, ist ein Kinderspiel. Sie punkten einerseits mit säuerlichen Aromen, andererseits mit der 5. Geschmacksrichtung umami und fördern zulgeich Ihre Gesundheit. Probieren Sie es doch am besten noch heute aus!

MISO-EINTOPF MIT MANGOLD UND TOFU

Die Fermento-Zutaten Miso und Sojasoße verleihen dem Tofu und dem Mangold in diesem Eintopf den Umami-Geschmack. Das lässt nicht nur japanische Herzen höher schlagen.

Für 1 Portion

35 Min. Zubereitung

Pro Portion ca. 460 kcal, 35 g E, 24 g F, 14 g KH

1 Stück Ingwer (ca. 1 cm)
1 Knoblauchzehe
2 TL Sojasoße
150 g Tofu
400 g Mangold
2 Frühlingszwiebeln
1 EL Sesamöl
2 Päckchen Instant-Misosuppe (à ca. 10 g)
1 TL geröstetes Sesamöl

LOW CARB · VEGAN FOOD

1. Ingwer und Knoblauch schälen, fein hacken und mit 1 TL Sojasoße verrühren. Den Tofu in Würfel schneiden und in der Sojamarinade wenden.

2. Mangold putzen und waschen. Die festen Stiele und die grünen Blätter getrennt in feine Streifen schneiden. Die Frühlingszwiebeln putzen, waschen und klein hacken.

3. Das Öl in einem Topf erhitzen und den Tofu sowie die Mangoldstiele darin ca. 3 Min. anbraten. Die Mangoldblätter zugeben und kurz mitbraten.

4. Die Misosuppe mit ca. 400 ml Wasser nach Packungsanleitung zubereiten und das Gemüse damit ablöschen. Falls von der Marinade etwas übrig ist, diese ebenfalls dazugeben. Alles aufkochen und vom Herd nehmen.

5. Den Eintopf mit der restlichen Sojasoße und geröstetem Sesamöl abschmecken und mit den gehackten Frühlingszwiebeln bestreut servieren. *(Foto siehe Seite 100)*

Warenkunde Miso

Die japanische Würzpaste wird aus Sojabohnen hergestellt. Oft kommen auch noch Reis oder Gerste hinzu. Während der Herstellung sorgen Milchsäurebakterien dafür, dass die Masse gärt und so ihren typischen Geschmack entwickelt. Wer auf hochwertige Produkte Wert legt, sollte Miso im Bio-Laden oder Reformhaus kaufen.

PELLKARTOFFELN MIT ZWEIERLEI QUARK

So einfach und doch so gut. Hier werden zwei fermentierte Lebensmittel, Quark und Joghurt, miteinander kombiniert, um die Vielfalt der Mikroben zu vergrößern.

Für 1 Portion • 30 Min. Zubereitung
Pro Portion ca. 50 kcal, 54 g E, 6 g F, 51 g KH

300 g festkochende Kartoffeln (möglichst gleich groß) • 350 g Magerquark • 2 EL Vollmilch-Joghurt • Salz • Pfeffer • 1 TL Leinöl • 1 Msp. gemahlener Kümmel • ½ Schalotte

1. Die Kartoffeln waschen und in kochendem Wasser in 20–25 Min. garen.

2. Währenddessen Magerquark und Joghurt verrühren und mit Salz und Pfeffer kräftig abschmecken. Die Quarkmasse halbieren. Eine Hälfte mit Leinöl, die andere Hälfte mit Kümmel verrühren.

3. Die fertigen Kartoffeln abgießen, kurz abkühlen lassen und schälen.

4. Die Schalotte sehr fein würfeln und auf den Kümmelquark streuen. Die Kartoffeln mit den beiden Quark-Dips servieren.

PILZOMELETT MIT SAUERKRAUT

Am besten verwenden Sie selbst gemachtes Sauerkraut oder achten beim Kauf darauf, dass das Kraut nicht pasteurisiert wurde, nur so bekommen Sie alle guten Inhaltsstoffe.

Für 1 Portion • 25 Min. Zubereitung
Pro Portion ca. 450 kcal, 33 g E, 27 g F, 11 g KH

---

200 g Kräuterseitlinge • 1 kleine Schalotte • 1 EL Sonnenblumenöl • Salz • Pfeffer • 1 Msp. getrockneter Thymian • 3 Eier (M) • 150 ml Gemüsebrühe • 200 g frisches Sauerkraut

---

1. Die Pilze putzen, bei Bedarf mit einem Tuch abreiben und in Streifen schneiden. Die Schalotte schälen und in Ringe schneiden.
2. Das Öl in einer Pfanne erhitzen und die Pilze darin goldbraun braten. Die Schalotte zugeben und kurz mitbraten. Mit Salz, Pfeffer und Thymian würzen.
3. Die Eier aufschlagen, verquirlen und über die Pilze gießen. Bei schwacher Hitze zugedeckt stocken lassen. Das Omelett aus der Pfanne nehmen und warm stellen.
4. Die Brühe in die warme Pfanne gießen und die Pfanne vom Herd nehmen. Das Sauerkraut in der Brühe leicht erwärmen, dann abtropfen lassen und auf dem Omelett verteilen.

CHILI SIN CARNE MIT ROTEN LINSEN

Tempeh, das aus fermentierten Sojabohnen hergestellt wird, verleiht diesem Eintopf-Klassiker eine moderne Wendung mit einem nussigen und zugleich pilzartigen Geschmack.

Für 2 Portionen

25 Min. Zubereitung

Pro Portion ca. 525 kcal, 38 g E, 17 g F, 41 g KH

100 g rote Linsen
1 Zucchino
1 Dose Mais (140 g Abtropfgewicht)
200 g Tempeh
1 kleine Knoblauchzehe
1 EL Sonnenblumenöl
Salz
400 g stückige Tomaten (Dose)
1 Msp. Chilipulver
1 TL gemahlener Kreuzkümmel
1 TL getrockneter Oregano
4 EL Joghurt

SCHNELLE KÜCHE · VEGETARISCH

1. Die Linsen nach Packungsanweisung garen. Abgießen und abtropfen lassen.

2. Währenddessen den Zucchino waschen, putzen und in kleine Würfel schneiden. Mais abtropfen lassen. Tempeh grob zerbröckeln. Knoblauch schälen und fein hacken.

3. Das Öl in einer Pfanne erhitzen, Tempeh darin in ca. 5 Min. goldbraun braten. Den Knoblauch und die Zucchinowürfel zugeben, mit Salz abschmecken und das Ganze ca. 3 Min. braten.

4. Tomaten, Mais und die Gewürze zugeben und alles bei geschlossenem Deckel weitere ca. 3 Min. schmoren. Die Linsen untermischen und das Chili mit einem Klecks Joghurt servieren.

Snack-Variante

Das Chili lässt sich mit Tortilla-Chips, geriebenem Cheddarkäse und Sour Cream ganz einfach in einen leckeren Snack für Ihre Gäste verwandeln. Dazu je einen Klecks Chili auf die Chips geben und mit Käse bestreuen. Die Chips in eine Auflaufform setzen und bei 200° so lange backen, bis der Käse geschmolzen ist. Sour Cream darauf verteilen und servieren.

HÄHNCHEN AUF ZUCCHINO-PAPRIKA-GEMÜSE

Manchmal reichen Oliven und Kapern, um Fermentiertes in die Ernährung einzubauen. Probieren dieses leckere Rezept oder snacken Sie einfach mal ein paar Oliven zwischendurch.

Für 1 Portion
30 Min. Zubereitung
Pro Portion ca. 445 kcal, 54 g E, 17 g F, 12 g KH

---

1 Zucchino (ca. 250 g)
2 rote Paprika (ca. 200 g)
1 Knoblauchzehe
1 EL Sonnenblumenöl
200 g Hähnchenbrustfilet
Salz
Pfeffer
1 Zweig Rosmarin
10 Kalamata-Oliven
1 TL kleine Kapern
½ Bio-Zitrone

LOW CARB

1. Den Zucchino waschen, putzen und in Scheiben schneiden. Die Paprika waschen, Trennwände und Kerne entfernen und die Paprika in Streifen schneiden. Den Knoblauch schälen und hacken.

2. Das Öl in einer Pfanne erhitzen. Das Hähnchenfilet waschen, trocken tupfen und im heißen Öl rundherum ca. 12 Minuten braten. Dabei mit Salz und Pfeffer würzen. Aus der Pfanne nehmen.

3. Das Gemüse in die heiße Pfanne geben und kräftig anbraten. Rosmarin waschen, tropfen schütteln und abzupfen. Rosmarin und Knoblauch zum Gemüse geben und kurz mitbraten. Mit 75 ml Wasser ablöschen. Dann das Hähnchen auf das Gemüse legen. Mit aufgelegtem Deckel ca. 5 Min. schmoren lassen.

4. Die Oliven vom Stein schneiden. Die Zitrone heiß waschen und ½ TL Schale abreiben. Oliven, Zitronenabrieb und Kapern zum Gemüse geben und vor dem Servieren kurz erhitzen.

PFANNENGEMÜSE-COUSCOUS MIT JOGHURT-DIP

Wie wäre es mit einem gesunden und trotzdem sättigenden Pfannengericht? Buntes Gemüse und orientalische Aromen werden mit dem kühlen Joghurt-Dip zum perfekten Sommerschmaus!

Für 2 Portionen
30 Min. Zubereitung
Pro Portion ca. 495 kcal, 27 g E, 18 g F, 55 g KH

---

1 gelbe Paprika
1 Zucchino (ca. 150 g)
1 rote Zwiebel
1 Knoblauchzehe
2 EL Olivenöl
½ TL gemahlener Kreuzkümmel
Salz
Pfeffer
125 g Kichererbsen (Dose)
100 g Vollkorn-Dinkel-Couscous
250 ml Gemüsebrühe
1 Fleischtomate
½ Bund Petersilie
½ Bio-Zitrone
200 g griech. Joghurt (5% Fett)
½ TL Pul Biber (Gewürzmischung)

VEGETARISCH

1. Die Paprika waschen, halbieren und von weißen Trennwänden und Kernen befreien. Zucchino waschen und putzen. Beide Gemüse in ca. 1 cm große Würfel schneiden. Zwiebel und Knoblauch schälen und fein würfeln.
2. Das Öl in einer großen beschichteten Pfanne erhitzen. Paprika, Zucchino, Zwiebel und Knoblauch darin bei mittlerer Hitze ca. 5 Min. braten, dabei gelegentlich umrühren. Mit Kreuzkümmel, Salz und Pfeffer würzen.
3. Die Kichererbsen in ein Sieb abgießen, kalt abspülen und abtropfen lassen. Kichererbsen, Couscous und Brühe zum Gemüse geben. Couscous-Pfanne ca. 5 Min. bei kleiner Hitze offen quellen lassen.
4. Inzwischen die Tomate waschen, halbieren und den Stielansatz entfernen. Die Tomate entkernen, in kleine Würfel schneiden und unter den Couscous heben. Diesen zugedeckt noch ca. 5 Min. ziehen lassen.
5. Petersilie waschen, trocken schütteln, die Blätter abzupfen und diese grob hacken. Die Zitrone heiß waschen, abtrocknen und ½ TL Schale fein abreiben. Joghurt, Zitronenschale, Salz und Pfeffer verrühren und mit Pul Biber bestreuen. Couscous mit Salz und Pfeffer abschmecken, auf zwei Tellern anrichten und mit Petersilie bestreut servieren. Den Joghurt-Dip dazureichen.

AUBERGINEN-PASTA MIT ARTISCHOCKEN

Cremig fermentierter Ricotta kombiniert mit dem weichen Fruchtfleisch der Aubergine verleiht dieser Pasta die Lizenz zum Dahinschmelzen. Lassen Sie sich entführen nach Bella Italia.

Für 2 Portionen
30 Min. Zubereitung
Pro Portion ca. 660 kcal, 25 g E, 25 g F, 81 g KH

Salz
1 Aubergine (ca. 300 g)
3 EL Olivenöl
Pfeffer
200 g Vollkorn-Penne
1 Zwiebel
1 Knoblauchzehe
1 Dose Kirschtomaten (400 g)
½ TL getrockneter Oregano
1 Glas Artischocken (180 g Abtropfgewicht)
4 Stängel Petersilie
100 g Ricotta (mind. 42 % Fett i. Tr.)

VEGETARISCH

1. Den Backofen auf 200° vorheizen. In einem Topf reichlich Salzwasser aufkochen. Aubergine putzen, waschen und in ca. 2 cm große Würfel schneiden. Diese auf einem Blech mit 2 EL Öl, Salz und Pfeffer mischen und im heißen Ofen (Mitte) in 10–15 Min. goldbraun backen.

2. Inzwischen die Nudeln im kochenden Salzwasser nach Packungsanweisung bissfest garen. Zwiebel und Knoblauch schälen und fein würfeln. Das übrige Öl in einer großen Pfanne erhitzen und Zwiebel und Knoblauch darin bei mittlerer Hitze glasig dünsten. Die Kirschtomaten dazugeben, die Soße mit Salz, Pfeffer und Oregano würzen und anschließend offen ca. 5 Min. köcheln.

3. Inzwischen die Artischocken abgießen, abtropfen lassen, je nach Größe halbieren oder vierteln und unter die Soße mischen. Nudeln abgießen und tropfnass unter die Soße heben. Die gerösteten Auberginenwürfel unterheben.

4. Die Petersilie waschen, trocken schütteln, die Blätter abzupfen und diese hacken. Die Pasta auf zwei Tellern anrichten und den Ricotta in Flöckchen darauf verteilen. Die Auberginennudeln mit Petersilie bestreuen und servieren.

GRATINIERTE SÜSSKARTOFFELN MIT MOZZARELLA

Die perfekte Mischung aus der cremigen Süße der Kartoffeln und dem zarten Schmelz von Mozzarella. Genießen Sie diesen vegetarischen Auflauf heiß aus dem Ofen.

Für 2 Portionen • 30 Min. Zubereitung • 10 Min. Backen
Pro Portion ca. 580 kcal, 19 g E, 33 g F, 53 g KH

---

1 Süßkartoffel (ca. 500 g) • 3 EL Olivenöl • 1 kleiner Zucchino • 100 g Kirschtomaten • 2 Frühlingszwiebeln • 1 EL Kürbiskerne • 125 g Mini-Mozzarellakugeln • 1 TL getrockneter Thymian • Salz • Pfeffer • 4 Stängel Petersilie

---

1. Backofen auf 220° vorheizen. Süßkartoffel schälen, längs in 1 cm dicke Scheiben schneiden. 2 EL Öl erhitzen und Kartoffel darin bei mittlerer Hitze ca. 15 Min. braten. Zucchino waschen, putzen, klein würfeln. Tomaten waschen und vierteln. Frühlingszwiebeln putzen, waschen und in feine Ringe schneiden.

2. Kürbiskerne hacken. Mozzarella abtropfen lassen und halbieren. Zucchino, Tomaten, Frühlingszwiebeln, Kürbiskerne, Mozzarella und Thymian mischen, salzen und pfeffern.

3. Kartoffel in eine Auflaufform schichten. Gemüse darauf verteilen und mit dem übrigen Öl beträufelt im Ofen (Mitte) ca. 10 Min. backen. Petersilie waschen, die Blätter abzupfen, diese hacken und auf das Gratin streuen.

SAUERKRAUT AUF KASSLER

Die traditionelle deutsche Küche liefert mit Sauerkraut ein fermentiertes Lebensmittel, das so gesund ist, dass es eigentlich auf keinem Speiseplan fehlen sollte.

Für 1 Portion • 35 Min. Zubereitung
Pro Portion ca. 485 kcal, 40 g E, 17 g F, 30 g KH

100 g Kassler • 1 Stange Lauch • 1 rote Paprika • 1 EL Sonnenblumenöl • 400 ml Fleischbrühe • ½ TL Kümmelsamen • Salz • 150 g gekochte Pellkartoffeln • 200 g frisches Sauerkraut

1. Das Kassler in kleine Würfel schneiden. Den Lauch putzen, sorgfältig waschen und in dünne Ringe schneiden. Die Paprika waschen, Trennwände und Kerne entfernen und das Fruchtfleisch in dünne Streifen schneiden.

2. Das Öl in einem Topf erhitzen. Kassler darin anbraten. Lauch und Paprika zugeben und kurz mitbraten. Mit der Brühe ablöschen und mit Kümmel und Salz würzen. Alles aufkochen und ca. 15 Min. köcheln lassen.

3. Die Pellkartoffeln schälen und in Scheiben schneiden. Sauerkraut abtropfen lassen. Kartoffelscheiben und Kraut zum Gemüse geben und darin erhitzen. Den Sauerkrauttopf mit Salz abschmecken und servieren.

KÜRBIS-SAUERKRAUT-EINTOPF MIT LACHS

Ungewöhnliche Kombinationen versprechen den Geschmacksknospen Aufregendes. Probieren Sie dieses Rezept mit Lachs, Sauerkraut und Kürbis aus und lassen Sie sich überraschen.

Für 2 Portionen
30 Min. Zubereitung
Pro Portion ca. 465 kcal, 26 E, 25 g F, 34 g KH

300 g Hokkaido-Kürbis
200 g vorwiegend festkochende Kartoffeln
1 Zwiebel
300 g frisches Sauerkraut
2 EL Rapsöl
½ TL edelsüßes Paprikapulver
1 TL Kümmel
1 Lorbeerblatt
Salz
Pfeffer
600 ml Gemüsebrühe
200 g Lachsfilet (ohne Haut)
½ Bund Schnittlauch

1. Den Kürbis waschen, putzen und entkernen. Kartoffeln waschen und schälen. Beides in ca. 2 cm große Würfel schneiden. Zwiebel schälen und klein würfeln. Sauerkraut in einem Sieb abtropfen lassen.
2. Das Öl in einem Topf erhitzen, die Zwiebel darin bei mittlerer Hitze glasig dünsten. Paprikapulver, Kümmel und Lorbeer dazugeben und kurz mitdünsten. Kürbis, Kartoffeln und Sauerkraut hinzufügen, salzen und pfeffern. Mit der Brühe aufgießen. Alles zugedeckt aufkochen und bei mittlerer Hitze in ca. 10 Min. garen.
3. Inzwischen das Lachsfilet waschen, trocken tupfen, in mundgerechte Stücke schneiden, in den Eintopf geben und bei kleiner Hitze ca. 5 Min. ziehen lassen.
4. Den Schnittlauch waschen, trocken schütteln und in feine Röllchen schneiden. Den Eintopf mit Salz und Pfeffer abschmecken und mit Schnittlauch bestreut anrichten.

Kümmel hilft

Wer einen empfindlichen Magen-Darm-Trakt hat, sollte Sauerkraut nur gegart verzehren. Am besten mit etwas Kümmel, der unangenehme Blähungen verhindert.

KALTE AYRAN-SUPPE MIT RADIESCHEN

Für heiße Sommertage ein Muss. Das Joghurtgetränk Ayran schmeckt zwar auch pur, in Kombination mit Radieschen, Zitrone und Gewürzen wird es in dieser Suppe aber zum Hochgenuss.

Für 2 Portionen
30 Min. Zubereitung
Pro Portion ca. 175 kcal, 6 E, 13 g F, 8 g KH

1 EL Sonnenblumenkerne
300 g Radieschen
300 ml Ayran (mind. 3 % Fett; türk. Joghurtgetränk)
½ Bio-Zitrone
1 TL mittelscharfer Senf
50 g saure Sahne
1 EL Olivenöl
Salz
Pfeffer

LOW CARB · VEGETARISCH

1. Die Sonnenblumenkerne in einer Pfanne ohne Fett bei mittlerer Hitze anrösten, dann vom Herd nehmen und abkühlen lassen.

2. Die Radieschen waschen und putzen. 2 Radieschen und einige zarte Radieschenblätter für die Garnitur beiseitelegen. Die übrigen Radieschen grob klein schneiden, zusammen mit dem Ayran in einen hohen Rührbecher geben und zuerst auf kleiner Stufe, dann auf höchster Stufe mit dem Pürierstab fein pürieren.

3. Die Zitrone heiß waschen, abtrocknen, die Schale fein abreiben und den Saft auspressen. Beides mit Senf, saurer Sahne und Öl zur Ayran-Radieschen-Mischung geben und diese noch mal kurz und kräftig durchmixen. Die Suppe mit Salz und Pfeffer abschmecken.

4. Die beiseitegelegten Radieschen in dünne Scheiben schneiden. Suppe auf zwei Schalen verteilen, mit Radieschenscheiben und -blättern garnieren, mit den Sonnenblumenkernen bestreut servieren.

SALAT AUS OFENGEMÜSE MIT ZIEGENKÄSE

Eingehüllt in Sesampanade bleibt warmer Ziegenkäse top in Form. Die Sesamsamen liefern uns zudem viel Selen, Kalzium und ungesättigte Fettsäuren.

Für 2 Portionen
25 Min. Zubereitung •
25 Min. Backen
Pro Portion ca. 175 kcal, 6 E, 13 g F, 8 g KH

---

1 Zucchino (ca. 150 g)
1 kleine Aubergine (ca. 150 g)
je 1 kleine rote und gelbe Paprika
2 Tomaten
100 g kleine Champignons
1 rote Zwiebel
2 Knoblauchzehen
50 g schwarze Oliven (entsteint)
3 EL Olivenöl
Salz
Pfeffer
4 Ziegenkäsetaler (à ca. 40 g)
2 EL Sesam
1 ½ EL Aceto balsamico
3 Stängel Basilikum

LOW CARB · VEGETARISCH

1. Den Backofen auf 200° vorheizen. Zucchino und Aubergine putzen, waschen, längs halbieren oder vierteln und quer in ca. 1 cm dicke Scheiben schneiden. Die Paprika waschen, halbieren, von weißen Trennwänden und Kernen befreien und in mundgerechte Stücke schneiden. Tomaten waschen, von den Stielansätzen befreien und vierteln. Pilze putzen und halbieren. Zwiebel schälen und in Spalten schneiden. Knoblauch schälen und fein würfeln.

2. Alle vorbereiteten Zutaten zusammen mit den Oliven, 2 EL Öl, Salz und Pfeffer in eine Schüssel geben und mischen. Das Gemüse auf einem Backblech verteilen und im Ofen (Mitte) 20–25 Min. garen, zwischendurch wenden.

3. Inzwischen die Ziegenkäsetaler rundum mit dem restlichen Öl bestreichen und im Sesam wenden. Die Käsetaler 5–7 Min. vor Ende der Garzeit mit auf das Blech im Backofen setzen und mitgaren.

4. Das Gemüse aus dem Ofen nehmen, mit dem Essig beträufeln und mit Salz und Pfeffer abschmecken. Basilikum abbrausen, trocken schütteln, die Blätter abzupfen und auf das Gemüse streuen. Dieses mit den Käsetalern auf zwei Tellern anrichten und servieren.

KÄSEFRIKADELLEN MIT HAFERFLOCKEN

Fetakäse erhält durch die Fermentation den typischen leicht säuerlichen Geschmack, der dieses Rezept zum Schlager macht. Auch Fleischliebhaber werden begeistert sein.

Für 4 Portionen
1 Std. Zubereitung • 20 Min. Quellen
Pro Portion ca. 440 kcal, 16 E, 26 g F, 32 g KH

---

400 ml Gemüsebrühe
200 g zarte Haferflocken
1 EL Flohsamenschalen
200 g rote Paprika
1 Knoblauchzehe
200 g Schafskäse (Feta)
Salz
Pfeffer
40 g Butter
2 EL Öl

VEGETARISCH

1. Gemüsebrühe in einem Topf zum Kochen bringen, die Haferflocken einstreuen und auf der ausgeschalteten Herdplatte 20 Min. quellen lassen. Anschließend die Flohsamenschalen unterrühren.
2. Paprika halbieren, von Kerngehäusen und weißen Trennwänden befreien, waschen und sehr klein würfeln. Knoblauch schälen und fein hacken. Knoblauch und Paprika zur Haferflockenmasse geben.
3. Feta in kleine Würfel schneiden und vorsichtig unter die Masse heben. Diese mit Salz und Pfeffer abschmecken und mit feuchten Händen 12 gleichmäßige flache Frikadellen daraus formen.
4. Butter und Öl in einer großen Pfanne erhitzen und die Frikadellen darin von beiden Seiten bei mittlerer Hitze jeweils 4 Min. braten.

Tipp

Dazu passt eine Joghurtsoße oder auch Möhrenrohkost mit Essig-Öl-Marinade.

WOKNUDELPFANNE MIT BUNTEM GEMÜSE

Die fermentierte Sojasoße gibt Speisen einen tiefen, komplexen Geschmack – umami eben. Wenn Sie also einmal nichts frisch Fermentiertes haben: Ein Schuss Sojasoße geht immer!

Für 2 Portionen

45 Min. Zubereitung

Pro Portion ca. 475 kcal, 21 E, 14 g F, 66 g KH

---

2 Möhren
1 Zucchino
200 g Brokkoli
½ Bund Frühlingszwiebeln
1 rote Paprika
2 EL Öl
1 EL helle Sojasoße
2 EL dunkle Sojasoße
Salz
½ TL Kreuzkümmel
1 TL gemahlene Kurkuma
125 g Wok-Eiernudeln (Instant)
125 g Sojasprossen (Glas)

VEGETARISCH

1. Möhren schälen und putzen. Zucchino, Brokkoli und Frühlingszwiebeln putzen und waschen. Möhren und Zucchino längs halbieren und schräg in dünne Scheiben schneiden. Brokkoli in kleine Röschen teilen. Paprika halbieren, von Kerngehäuse und weißen Trennwänden befreien, waschen und in Streifen schneiden. Die Frühlingszwiebeln in 3 cm lange Stücke schneiden.
2. Das Öl im Wok oder einer großen Pfanne erhitzen. Möhren, Zucchino, Brokkoli, Paprika und Frühlingszwiebeln darin bei starker Hitze und unter ständigem Rühren 5–10 Min. braten, dann mit heller und dunkler Sojasoße, Salz, Kreuzkümmel und Kurkuma würzen.
3. Die Wok-Nudeln unterrühren und 3 Min. ziehen lassen, eventuell etwas Wasser zugeben.
4. Die Sojasprossen in einem Sieb abtropfen lassen, zur Nudelpfanne geben und diese noch 2 Min. weitergaren. Das Gericht auf zwei Tellern anrichten und servieren.

Abendessen & Snacks

Verwöhnen Sie Ihren Gaumen mit feinsten fermentierten Aromen und genießen Sie ein köstliches Abendessen – vielleicht sogar bei Kerzenschein? Wir haben eine Auswahl an leckeren Gerichten für Sie vorbereitet, die Ihren Geschmackssinn bestimmt in neue Sphären schweben lassen.

FERMENTIERTER SCHARFER KRAUTSALAT

Krautsalat ist ein Klassiker der Fermento-Küche. Probieren Sie diese Variante und werden Sie zum Fermentierexperten. Eine gesündere Art Gemüse zu genießen, gibt es kaum.

Für 2 Gläser à 1 l (8 Portionen)
30 Min. Zubereitung •
4 Std. Ziehen • 4 Wochen Gären
Pro Portion ca. 35 kcal, 2 g E, 0 g F, 6 g KH

---

1 kg Weißkohl
1 rote Paprika
200 g Möhren
3 Frühlingszwiebeln
1 Stück Ingwer (ca. 2 cm)
2 Knoblauchzehen
1 rote Chilischote
10 g Meersalz
Außerdem:
2 Gläser mit Bügelverschluss à 1 l Inhalt

LOW CARB · VEGAN FOOD

1. Den Weißkohl waschen, putzen, vom Strunk befreien und fein hobeln oder schneiden. Paprika waschen, halbieren und von weißen Trennwänden und Kernen befreien. Möhren putzen und schälen. Paprika und Möhren in feine Streifen schneiden. Frühlingszwiebeln putzen, waschen und in dünne Ringe schneiden. Ingwer und Knoblauch schälen und fein würfeln. Die Chilischote waschen, längs halbieren, von weißen Trennwänden und Kernen befreien und klein würfeln.

2. Alle Zutaten in einer Schüssel mischen, mit Meersalz bestreuen und mit einem Stößel kräftig stampfen, damit die Flüssigkeit austritt. Den Salat 3–4 Std. stehen lassen.

3. Das Gemüse in einem Sieb abtropfen lassen und dabei die Flüssigkeit auffangen. Den Salat randvoll in die heiß ausgespülten Gläser füllen, dabei mit einem Stößel festdrücken. Die aufgefangene Lake in die Gläser gießen und mit Wasser auffüllen, bis das Gemüse komplett bedeckt ist. Die Gläser fest verschließen und bei Zimmertemperatur mindestens 1 Woche stehen lassen, danach in den Kühlschrank stellen. Nach 3–4 Wochen ist die Fermentation abgeschlossen und der Salat ist verzehrfertig.

(Foto siehe Seite 124)

FETACREME MIT GETROCKNETEN APRIKOSEN

Diese Creme ist vielseitig und köstlich! Verwenden Sie am besten milchsauer fermentierte Aprikosen, sogenannte Umeboshi-Aprikosen, aus dem Reformhaus.

Für ca. 12 TL • 20 Min. Zubereitung • 5 Std. Ziehen
Pro TL ca. 35 kcal, 1 E, 3 g F, 1 g KH

100 g Feta • 1 EL saure Sahne (10 % Fett) • 3 getrocknete Soft-Aprikosen • 1 Stängel glatte Petersilie • Salz • Cayennepfeffer • 1 TL Schwarzkümmel

1. Feta zerbröckeln und mit der sauren Sahne vermengen. Mit einer Gabel fein zerdrücken.
2. Aprikosen fein würfeln. Petersilie waschen, die Blättchen fein hacken und mit den Aprikosen unter den Feta mischen. Die Masse mit Salz, Cayennepfeffer und Schwarzkümmel würzen. Die Fetacreme zugedeckt im Kühlschrank mind. 5 Std. durchziehen lassen.

Tipp

Die Fetacreme schmeckt wunderbar als Brotaufstrich, zu Antipasti, gebratenem Fleisch und Tomaten.

KEFIR-DRESSING MIT ZITRONE

Dieses Dressing ist vollgepackt mit Nährstoffen und probiotischen Bakterien, die Ihre Darmgesundheit unterstützen und das Immunsystem stärken. Top: der erfrischende Geschmack!

Für 6 Portionen • 5 Min. Zubereitung
Pro Portion ca. 30 kcal, 1 g E, 2 g F, 2 g KH

½ Bio-Zitrone • 250 g Kefir • 1 Knoblauchzehe • 3 EL Gemüsebrühe • Salz • Cayennepfeffer

1. Die Zitrone heiß waschen, die Schale abreiben und die Zitrone auspressen. Kefir, Zitronensaft und -abrieb verrühren.
2. Knoblauch schälen und dazupressen. Die Brühe erwärmen und unterrühren. Das Dressing mit Salz und Cayennepfeffer würzen. In ein Schraubglas füllen und kalt stellen

Vielseitig variieren

Frische Krauter wie Dill, Schnittlauch oder Estragon passen besonders gut in dieses Dressing. Es schmeckt zu Gurken, Kopfsalat und Kartoffelsalat. Statt der Zitrone können Sie auch Saft und Schale einer Bio-Orange verwenden. Das schmeckt besonders gut zu Herbstsalaten.

QUINOASALAT MIT BRATGEMÜSE UND TEMPEH

Hergestellt aus fermentierten Sojabohnen, steckt Tempeh voller Nährstoffe und enthält alle neun essenziellen Aminosäuren. Es eignet sich perfekt als Fleischersatz.

Für 1 Portion
35 Min. Zubereitung
Pro Portion ca. 510 kcal, 32 E, 21 g F, 38 g KH

---

40 g Quinoa
Salz
1 Zucchino (ca. 200 g)
200 g Wirsing
½ rote Paprika
1 Knoblauchzehe
100 g Tempeh
1 EL Sonnenblumenöl
2 TL Sojasoße
Pfeffer
150 ml Gemüsebrühe

VEGAN FOOD

1. Quinoa waschen und in kochendem Salzwasser nach Packungsanweisung garen.

2. Zucchino waschen, putzen und in dünne Scheiben schneiden. Den Wirsing putzen, evtl. den Strunk und dicke Blattrippen entfernen. Dann den Wirsing in feine Streifen schneiden. Die Paprika waschen, Trennwände und Kerne entfernen und das Fruchtfleisch in dünne Streifen schneiden. Knoblauch schälen und hacken.

3. Tempeh grob zerbröckeln und in einer beschichteten Pfanne im heißen Öl bei mittlerer Hitze ca. 5 Min. goldbraun braten. Mit 1 TL Sojasoße beträufeln und aus der Pfanne nehmen.

4. Gemüse und Knoblauch in die heiße Pfanne geben und mit Salz und Pfeffer würzen. Unter Rühren kräftig anbraten. Mit Brühe und der restlichen Sojasoße ablöschen und ca. 5 Min. bei geschlossenem Deckel schmoren lassen. Tempeh und Quinoa zugeben und darin erhitzen. Mit Salz und Pfeffer abschmecken.

Tipp

Tempeh schmeckt gebraten und mit etwas Sojasoße gewürzt auch lecker als Brotbelag oder Salat-Topping.

FRUCHTIGER SPITZKOHLSALAT MIT PUTE UND EI

Es muss nicht immer Magermilchjoghurt sein, auch Kefir oder Buttermilch können diesem Salat die leicht (milch-)säuerliche Note verleihen und Essig überflüssig machen.

Für 2 Portionen
40 Min. Zubereitung
Pro Portion ca. 535 kcal, 57 E, 20 g F, 23 g KH

---

3 Eier (M)
700 g Spitzkohl
Salz
2 EL Mandeln
1 rote Zwiebel
100 g blaue Weintrauben (ohne Kerne)
200 g Putenbrustaufschnitt (in dicken Scheiben)
150 g Magermilch-Joghurt (0,2 % Fettgehalt)
1 TL leichte Mayonnaise (50 % Fett)
1 TL Currypulver (mild)
1 Bund Schnittlauch

VEGETARISCH

1. Die Eier in ca. 8 Min. hart kochen, dann abschrecken und abkühlen lassen. Den Spitzkohl putzen und dabei den Strunk und die dicken Blattrippen entfernen. Den Kohl in feine Streifen schneiden und mit 1 gestrichenen TL Salz in einer Schüssel sorgfältig verkneten. Die Mandeln grob hacken und in einer Pfanne ohne Fett so lange rösten, bis sie anfangen zu duften. Dann aus der Pfanne nehmen.

2. Die Zwiebel schälen, halbieren und in feine Halbringe schneiden. Die Trauben waschen und halbieren. Die Putenbrust in Streifen schneiden.

3. Joghurt, Mayonnaise und Curry verrühren und mit Salz würzen. Schnittlauch waschen, trocken tupfen und in Röllchen schneiden. Alle Zutaten locker vermengen.

4. Die Eier pellen und halbieren. Jede Portion Salat mit drei Eihälften anrichten.

FERMENTIERTE INGWER-MÖHREN

Ob als Tapa, Antipasto, Snack oder Beilage, diese leicht scharfen Möhren schmecken eigentlich zu jeder Tageszeit.

Für 2 Gläser à 250 ml (4 Portionen) • 25 Min. Zubereitung • 2 Std. Ziehen • 1 Woche Gären
Pro Portion ca. 25 kcal, 1 g E, 0 g F, 5 g KH

---

400 g Möhren • 1 Stück Ingwer (ca. 4 cm) • 10 g Meersalz
Außerdem: 2 Gläser mit Bügelverschluss à 250 ml Inhalt

---

1. Die Möhren putzen, schälen und fein raspeln. Ingwer schälen und fein raspeln.

2. In einem Topf 250 ml Wasser erwärmen (es darf nicht kochen!) und das Salz auflösen. Möhren und Ingwer in einer Schüssel mit der Lake übergießen und ca. 2 Std. ziehen lassen.

3. Das Gemüse samt Lake in die heiß ausgespülten Gläser geben und mit einem Stößel kräftig hineindrücken. Die Gläser verschließen und an einem mäßig warmen Ort 1 Woche stehen lassen. Aufsteigende Bläschen zeigen an, dass es in den Gläsern gärt.

Nach etwa 1 Woche sind die Möhren verzehrfertig. Sie schmecken dann mild-säuerlich und leicht salzig. Im Kühlschrank halten sie sich nach dem Öffnen 2–3 Wochen.

SAUERKRAUTSALAT MIT ANANAS

Sauerkraut mit Ananas? »Schmeckt denn das?«
Probieren Sie es aus – Sie werden begeistert sein!

Für 1 Portion • 15 Min. Zubereitung • 15 Min. Ziehen
Pro Portion ca. 495 kcal, 13 E, 27 g F, 50 g KH

50 ml Gemüsebrühe • 1 EL Sonnenblumenöl • 1 TL mittelscharfer Senf • 1 kleine rote Zwiebel • 200 g frisches Sauerkraut • 100 g Ananasfruchtfleisch • ½ rote Paprika • 1 Stängel glatte Petersilie • Salz • Pfeffer • 2 Scheiben Dinkelbrot (à ca. 40 g) • 2 TL Butter

1. Gemüsebrühe erwärmen. Öl, Senf und Brühe mit einem Schneebesen glatt verrühren. Die Zwiebel schälen und fein hacken, mit Sauerkraut und Senfdressing vermengen.
2. Ananas würfeln. Paprika waschen, Trennwände und Kerne entfernen, das Fruchtfleisch in feine Streifen schneiden. Petersilie waschen, trocken schütteln und die Blättchen hacken.
3. Ananas, Paprika und Petersilie unter das Kraut mischen und mit Salz und Pfeffer würzen. Den Salat ca. 15 Min. ziehen lassen. Das Brot mit Butter bestreichen und dazu essen.

MILCHSAURE ROTE BETEN

Verwenden Sie die Roten Beten als Beilage zu Salaten oder Sandwiches oder einfach als Snack zwischendurch. Experimentieren Sie und entdecken Sie den vollen Geschmack der Fermentation.

Für 1 Glas à 50 ml (4 Portionen)
25 Min. Zubereitung • 8 Std. Ruhen • 1 Wochen Gären
Pro Portion ca. 60 kcal, 2 g E, 0 g F, 11 g KH

---

450 g kleine Rote Beten
1 säuerlicher Apfel
1 TL Korianderkörner
1 Lorbeerblatt
20 g feines Meersalz
Außerdem:
1 Glas mit Bügelverschluss, 750 ml Inhalt

VEGAN FOOD

LOW CARB

1. Die Roten Beten putzen, schälen, eventuell halbieren und auf dem Gurkenhobel in sehr dünne Scheiben hobeln, dabei Einweghandschuhe tragen, da die Knollen stark färben. Den Apfel vierteln, schälen, vom Kerngehäuse befreien und quer in dünne Scheiben schneiden.

2. Die Korianderkörner im Mörser zerdrücken. Rote Beten, Apfel, Koriander, Lorbeerblatt und 10 g Salz in einer Schüssel gut vermischen und abgedeckt 8 Std., am besten über Nacht, in den Kühlschrank stellen.

3. Am nächsten Tag 250 ml Wasser erwärmen (nicht kochen!), restliches Salz darin auflösen. Den Rote-Bete-Mix samt dem ausgetretenen Saft fest in das heiß ausgespülte Glas drücken. Mit der Salzlake bis ca. 3 cm unter den Glasrand auffüllen (übrige Lake entsorgen) und den Beten-Apfel-Mix beschweren. Das Glas verschließen und an einem dunklen Ort bei Zimmertemperatur lagern. Nach 2–3 Tagen beginnt die Fermentation. Dann das Glas in den Kühlschrank stellen. Nach dem Öffnen hält sich das Gemüse bis zu 5 Wochen

VEGANE BENTO-BOX

Für unterwegs ist diese Bento-Box ein Muss: milchsauer eingelegtes Gemüse in Kombination mit fruchtiger Mango, Reis und würzigem Tofu. Einfach perfekt für ein leichtes Mittagessen.

Für 1 Portion
10 Min. Zubereitung
Pro Portion ca. 485 kcal, 22 g E, 12 g F, 61 g KH

¼ Salatgurke
1 Mango
2 Frühlingszwiebeln
100 g Räuchertofu
5 EL fermentiertes Gemüse (z. B. Rotkrautsalat, *siehe Seite 138*)
50 g gekochter Reis (z. B. Vollkornreis)
1 EL Sojasoße

SCHNELLE KÜCHE · VEGAN FOOD

1. Die Gurke waschen, bei Bedarf schälen, längs halbieren und in Scheiben schneiden. Die Mango schälen, das Fruchtfleisch vom Stein schneiden und würfeln. Die Frühlingszwiebeln putzen, waschen, trocken tupfen und klein schneiden. Den Tofu in Scheiben schneiden.

2. Die vorbereiteten Zutaten, das fermentierte Gemüse und den gekochten Reis in einer eckigen Kunststoffbox mit Deckel anrichten. Die Box verschließen und bis zum Verzehr kühl lagern. Vor dem Verzehr alles mit Sojasoße beträufeln.

Tipp:

Statt des Rotkrautsalats können Sie auch ein anderes fermentiertes Gemüse *(siehe Seite 138/139)* in die Bento-Box füllen. »Bento« ist übrigens die Bezeichnung für eine traditionelle japanische Lunchbox. Die Kästchen können aus unterschiedlichen Materialien hergestellt sein und haben praktische Trennwände, damit sich die verschiedenen Speisen beim Transport nicht vermischen.

GEMÜSE FERMENTIEREN

Fermentieren geht, wie Sie nun bereits wissen, denkbar einfach. Das Gemüse wird nur mit etwas Salz und Gewürzen nach Geschmack bei Zimmertemperatur luftdicht mehrere Tage gelagert. In dieser Zeit werden Milchsäurebakterien gebildet, und es entsteht ein saures Milieu. Ein paar Varianten zu unseren Basisrezepten von *Seite 78* finden Sie hier:

GRUNDREZEPT

1. Das Gemüse wie im jeweiligen Rezept beschrieben vorbereiten, mit Salz und Gewürzen verkneten und in ein verschließbares Glas (am besten ein Fermentierglas mit Ventil) schichten. Dabei einen 3–4 cm breiten Rand frei lassen.
2. Die Oberfläche mit Frischhaltefolie abdecken. Ein kleines mit Wasser gefülltes Glas oder ein anderes Gewicht zum Beschweren auf die Frischhaltefolie setzen und das Glas verschließen. Mindestens 4 Tage bei Zimmertemperatur stehen lassen. Dabei das Glas (wenn es kein Glas mit Ventil ist) einmal am Tag kurz öffnen, damit die Gärgase entweichen können.
3. Die Beschwerung und die Folie entfernen und das fermentierte Gemüse verschlossen im gleichen Glas im Kühlschrank aufbewahren. Es hält ca. 4 Wochen.

BLUMENKOHL MIT ZITRONE

Für 12 Portionen
200 g Brokkoli • 500 g Blumenkohl • 2 kleine Zwiebeln • 1 Knoblauchzehe • abgeriebene Schale ½ Bio-Zitrone • 1 TL Salz

1. Brokkoli und Blumenkohl waschen und abtropfen lassen. In Stücke schneiden und in der Küchenmaschine grob zerkleinern. Zwiebeln und Knoblauch schälen und fein hacken.
2. Gemüse, Zwiebeln und Knoblauch in einer Schüssel mit dem Zitronenabrieb und Salz sorgfältig verkneten. In ein verschließbares Glas mit mind. 1 l Inhalt geben. Dabei immer wieder festdrücken. Weiter vorgehen wie im Grundrezept links beschrieben.

SPICY CHINAKOHL-KIMCHI

Für 8 Portionen

800 g Chinakohl • 200 g Lauch • 1 getrocknete rote Chilischote • 1 TL Salz • 1 TL Sojasoße

1. Den Chinakohl waschen, putzen, trocken schleudern und in grobe Stücke schneiden. Den Lauch waschen, putzen und in dünne Ringe schneiden. Die Chilischote durchbrechen, die Kerne entfernen und die Chilischote zerbröckeln.

2. Chinakohl, Lauch und Chili in eine Schüssel geben und mit dem Salz und der Sojasoße kräftig verkneten. In ein verschließbares Glas mit ca. 1 l Inhalt geben. Dabei immer wieder festdrücken. Weiter vorgehen wie im Grundrezept links beschrieben.

Geduld!

Bauen Sie das fermentierte Gemüse allmählich in Ihren Ernährungsplan ein. Der Darm muss sich erst daran gewöhnen, es könnte sonst zu Blähungen kommen. Am besten beginnen Sie damit, zu den Mahlzeiten 2 EL fermentiertes Gemüse zu essen. Steigern Sie sich dann auf 3–4 EL pro Mahlzeit.

ROTKRAUTSALAT

Für 8 Portionen

700 g geputzter Rotkohl • 1 TL Salz • 1 Zwiebel • 1 TL Senfkörner • 3 Wacholderbeeren • 1 großes Lorbeerblatt • 2 Sternanis

1. Den Rotkohl in feine Streifen schneiden und mit dem Salz ca. 5 Min. kräftig kneten.

2. Die Zwiebel schälen, halbieren und in feine Ringe schneiden. Mit den übrigen Zutaten unter den Rotkohl mischen. Die Kohlmischung in ein verschließbares Glas mit ca. 1 l Inhalt geben und festdrücken. Weiter vorgehen wie im Grundrezept links beschrieben.

MÖHREN MIT SELLERIE

Für 5 Portionen

300 g Möhren • 150 g Knollensellerie • 1 Zwiebel • 1 Knoblauchzehe • 1 TL Salz

1. Möhren schälen, Sellerie putzen und schälen, beides raspeln. Die Zwiebel und den Knoblauch schälen und fein reiben.

2. Alles mit dem Salz in einer Schüssel gut vermengen und kräftig kneten. In ein verschließbares Glas mit mindestens 500 ml Inhalt geben und festdrücken. Weiter vorgehen wie im Grundrezept links beschrieben.

Dessert

Es ist nun an der Zeit, Ihre Geschmacksnerven mit einem süßen Nachtisch zu verwöhnen und gleichzeitig Ihrer Gesundheit einen Gefallen zu tun. Unsere fermentierten Desserts sind voller probiotischer Bakterien, die gut für Ihre Verdauung sind und das Immunsystem stärken können.

QUARK-AUFLAUF MIT PFLAUMEN

Kinder lieben diesen Auflauf, der nicht nur als Dessert zum Einsatz kommen kann, sondern auch als süße Hauptspeise punktet. Das liegt wahrscheinlich an der Ähnlichkeit zu Käsekuchen …

Für 2 Portionen
30 Min. Zubereitung •
25 Min. Backen
Pro Portion ca. 425 kcal, 29 g E, 15 g F, 43 g KH

---

300 g Pflaumen (ersatzweise Zwetschgen)
½ Bio-Zitrone
3 Eier (M)
50 g Vollrohrzucker (z. B. Muscovado)
250 g Magerquark
Salz
½ TL Guarkernmehl (Bio-Laden)
1 EL Mandelblättchen

Außerdem:
1 Auflaufform (ca. 15 × 20 cm)
Butter für die Form

VEGETARISCH

1. Den Backofen auf 180° vorheizen. Die Auflaufform mit Butter einfetten. Die Pflaumen waschen, vierteln und entsteinen. Die Zitrone heiß waschen, abtrocknen und die Schale abreiben.

2. Die Eier trennen. Eigelbe und Zucker cremig rühren. Den Quark und 1 TL Zitronenschale dazugeben und gut unterrühren. Eiweiße, 1 Prise Salz und Guarkernmehl steif schlagen, ein Drittel des Eischnees unter die Quarkmasse rühren und den übrigen Eischnee locker unterheben.

3. Die Masse in die gebutterte Form füllen und glatt streichen. Die Pflaumenspalten darauf verteilen. Den Auflauf mit Mandelblättchen bestreuen und im Ofen (Mitte) in 20–25 Min. goldbraun backen.

4. Den Auflauf ca. 5 Min. abkühlen lassen und servieren.

(siehe Foto Seite 140)

Gut für den Darm

Pflaumen sind als gesundes Abführmittel bekannt – und ideal bei Verstopfung. Das liegt an den Pflanzenstoffen Pektin und Zellulose. Diese Ballaststoffe quellen im Körper stark auf. Dadurch wird auf den Darm ein Reiz ausgeübt, der die Peristaltik (Darmbewegung) verstärkt und die Verdauung ankurbelt.

FROZEN PAPAYA-JOGHURT-EIS

Ein Teil der Milchsäurebakterien geht beim Einfrieren leider kaputt. Dennoch bleiben genug der kleinen Helferchen übrig, um diesem Eis einen Gesundheitskick zu verleihen.

Für 6 Portionen • 10 Min. Zubereitung • 5 Std. Gefrieren
Pro Portion ca. 40 kcal, 2 g E, 1 g F, 3 g KH

---

200 g Papaya • 1 Bio-Limette • 150 g griech. Joghurt (5 % Fett) • 1 EL Reissirup
Außerdem: 6 Stieleisformen (à 50 ml)

1. Papaya schälen, entkernen und würfeln. Limette heiß waschen und die Schale fein abreiben. Limette halbieren und auspressen.
2. Papaya, Joghurt und Reissirup mit Limettensaft und -schale in einen Rührbecher geben und mit einem Pürierstab zu einer glatten Masse pürieren.
3. Die Fruchtmasse in die Eisformen füllen, jeweils einen Stiel hineinstecken und mind. 5 Std. tiefkühlen.

Variante

Abwechslung gefällig? Dann probieren Sie das Joghurteis am Stiel doch auch mal mit Avocado, Erdbeeren oder Heidelbeeren.

KEFIR-TRIFLE MIT APFELMUS UND HAFERFLOCKEN

Was Pilze und Bakterien alles hervorbringen können ... Genießen Sie dieses Hingucker-Dessert gut gekühlt an heißen Sommertagen. Erfrischung pur!

Für 1 Portion • 5 Min. Zubereitung • über Nacht Kühlen

Pro Portion ca. 520 kcal, 16 g E, 13 g F, 74 g KH

250 g Kefir • 200 g Apfelmus (ungesüßt) • 1 EL Gojibeeren • 5 EL blütenzarte, glutenfreie Haferflocken

Außerdem: 1 Schraubglas (ca. 500 ml Inhalt)

1. Am Vorabend Kefir, Apfelmus, Gojibeeren und die Haferflocken abwechselnd in das Schraubglas schichten und verschließen. Das fertig vorbereitete Dessert dann über Nacht in den Kühlschrank stellen.

2. Am nächsten Tag aus dem Kühlschrank nehmen und servieren.

Variante

Zur Abwechslung können Sie für dieses leckere Schichtdessert statt Gojibeeren auch Cranberrys oder Rosinen verwenden.

SCHNEEBÄLLE IM KOKOSMANTEL

Quark, Schmand und Sahne werden plötzlich zu lockeren Schneebällen, die auf der Zunge zergehen. Das perfekte Winterdessert, schlemmen erlaubt!

Für 20–22 Stück
45 Min. Zubereitung •
20 Min. Backen
Pro Stück ca. 205 kcal, 6 g E, 12 g F, 17 g KH

---

5 Eier (zimmerwarm)
150 g Zucker
5 Päckchen Vanillezucker
1 Bio-Zitrone
75 g Dinkelmehl Type 630
75 g Dinkelvollkornmehl
1 Msp. Backpulver
400 g Magerquark
125 g Schmand
8 EL Eierlikör (nach Belieben)
200 g Sahne
200 g Kokosraspel
Außerdem:
ca. 20 Papierförmchen mit 7 cm Ø
2 TL Zucker für die Sahne

---

1. Den Backofen auf 200° vorheizen und ein Backblech mit Backpapier belegen.

2. Die Eier aufschlagen und schaumig rühren. Zucker und 1 Päckchen Vanillezucker nach und nach einrieseln lassen. Die Zitrone heiß abwaschen und die Schale abreiben. Den Abrieb dazugeben. Die Mehle und das Backpulver mischen und löffelweise mit dem Schneebesen unter die Eiermasse heben. Den Teig auf dem Blech verteilen und im Ofen (Mitte) in 15–20 Min. goldbraun backen.

3. Biskuit auf ein Kuchengitter stürzen, das Backpapier mit Wasser befeuchten und vorsichtig abziehen. Anschließend den Biskuit vollständig auskühlen lassen.

4. Für die Creme Quark, Schmand, 2 Päckchen Vanillezucker und nach Belieben den Eierlikör in einer großen Schüssel gründlich verrühren. Die Sahne mit dem restlichen Vanillezucker und dem Zucker für die Sahne steif schlagen und unter die Quarkmasse ziehen.

5. Biskuit in 1 cm große Würfel schneiden und unter die Quark-Sahne-Masse heben. Mit feuchten Händen ca. 60 g schwere Kugeln formen und diese in den Kokosraspeln wälzen. Schneebälle in den Papierförmchen servieren.

VEGETARISCH

QUARKOFENSCHLUPFER MIT HIMBEERMUS

Maria Theresia von Österreich wäre begeistert gewesen, denn sie liebte Mehlspeisen. Von Milchsäurebakterien im Quark hatte zu ihrer Zeit wahrscheinlich noch niemand gehört. Die Fermentation zur Haltbarmachung kannte man aber schon.

Für 4 Portionen

30 Min. Zubereitung • 1 Std. Backen

Pro Portion ca. 355 kcal, 21 g E, 6 g F, 50 g KH

---

4 altbackene Vollkornbrötchen
250 g Magerquark
1 Bio-Zitrone
375 g Buttermilch
2 EL Zucker
2 Eier
500 g TK-Himbeeren
1 EL Puderzucker
2 EL Orangensaft
Außerdem:
Auflaufform (ca. 20 × 30 cm)
Fett für die Form

---

1. Den Backofen auf 200° vorheizen. Die Brötchen in dünne Scheiben schneiden. Die Auflaufform fetten. Die Zitrone heiß waschen und die Schale abreiben. Dann die Zitrone halbieren und auspressen. Quark mit Zitronensaft und -abrieb glatt rühren und die Buttermilch mit Zucker und Eiern verquirlen.

2. Brötchenscheiben und Quark abwechselnd in die Form schichten, dabei mit Brötchen beginnen und abschließen.

3. Die Buttermilch-Ei-Mischung auf der oberen Brötchenschicht verteilen und den Ofenschlupfer im Backofen (Mitte) ca. 1 Std. backen, bis er goldbraun ist. Sollte der Ofenschlupfer zu dunkel werden, die Temperatur reduzieren und den Auflauf mit Alufolie abdecken.

4. Inzwischen die Himbeeren in einem Sieb auftauen lassen. Aufgetaute Beeren mit Puderzucker und Orangensaft pürieren. Den fertigen Auflauf aus dem Ofen holen, in Stücke schneiden, auf vier Tellern anrichten und mit dem Himbeermus servieren.

VEGETARISCH

SCHICHTDESSERT GRIECHISCHER ART

Sorgen Sie mit diesem Dessert aus griechischem Joghurt für Urlaubsfeeling in den eigenen vier Wänden und genießen Sie es gut gekühlt an warmen Tagen.

Für 4 Portionen • 15 Min. Zubereitung • 2 Std. Kühlen
Pro Portion ca. 255 kcal, 7 g E, 18 g F, 18 g KH

---

1 EL Honig • 60 g grob gehackte Nüsse (z. B. Mandeln, Walnüsse, Pinienkerne) • ½ Bio-Orange • 400 g griechischer Joghurt (10 % Fett) • 2 EL brauner Zucker • 8 Minzblätter

1. Den Honig bei schwacher Hitze in einem Topf schmelzen, Nüsse dazugeben und mit dem Honig vermischen.

2. Orange heiß waschen und die Schale abreiben. Dann die Orange auspressen. Joghurt mit Orangensaft und -abrieb verrühren und mit Zucker und dem Honig-Nuss-Mix schichtweise in Gläser füllen, dabei mit der Nuss-Honig-Mischung abschließen.

3. Das Dessert ca. 2 Std. kalt stellen, dann mit Minzblättern garnieren und servieren.

FROZEN JOGHURT

Was in hippen Großstadt-Frozen-Jogurt-Ketten angeboten wird, können Sie schon lange selbst machen. Und das ganz ohne Zusatz- und Konservierungsstoffe.

Für 1 Portion • 10 Min. Zubereitung
Pro Portion ca. 200 kcal, 7 g E, 7 g F, 29 g KH

---

1 Stängel Zitronenmelisse • ½ Zitrone • 1 EL Puderzucker • 150 g TK-Himbeeren • 150 g Joghurt (3,5 % Fett, gut gekühlt)

1. Zitronenmelisse waschen, trocken schütteln, die Blättchen abzupfen und einige davon zum Garnieren beiseitelegen. Restliche Zitronenmelisseblättchen fein hacken.

2. Zitrone auspressen. Zitronenmelisse mit Puderzucker, Zitronensaft, gefrorenen Himbeeren und Joghurt in einen hohen Rührbecher geben und mit dem Stabmixer cremig pürieren.

3. Den Frozen Joghurt in ein Dessertschälchen geben, mit Melisseblättchen garnieren und sofort servieren.

HIMBEER-HIRSE-TRAUM AUF QUARKCREME

Hirse als Dessert? Kein Problem! Hirse hat einen milden, nussigen Geschmack und eine leicht körnige Konsistenz und eignet sich somit perfekt für Süßes und für Herzhaftes.

Für 4 Portionen
1 Std. 15 Min. Zubereitung
Pro Portion ca. 150 kcal, 6 g E, 6 g F, 18 g KH

30 g Hirse
100 ml Apfelsaft
200 g Himbeeren
3 TL Zucker
1 Vanilleschote
50 g Joghurt (3,5 % Fett)
100 g Magerquark
20 ml Milch
1 EL Zitronensaft
50 g Sahne
5 g Zartbitter-Kuvertüre

VEGETARISCH

1. Die Hirse in einem Topf mit dem Apfelsaft aufkochen und bei schwacher Hitze ca. 30 Min. quellen lassen. Bei Bedarf Wasser nachgießen. Die gegarte Hirse abkühlen lassen. Beeren verlesen und 4 Beeren für die Dekoration beiseitelegen. Die restlichen Himbeeren mit 1 TL Zucker in einen Topf geben und in 2–3 Min. bei mittlerer Hitze zu Kompott kochen.

2. Die Vanilleschote längs aufschlitzen und das Mark herauskratzen. Joghurt, Quark und Milch mischen, glatt rühren und mit restlichem Zucker, Vanillemark und Zitronensaft abschmecken.

3. Die Sahne steif schlagen und vorsichtig unter die Quarkmasse heben.

4. Hirse, Himbeeren und Quarkcreme nacheinander in vier Gläser schichten, dabei mit Quarkcreme abschließen. Die Kuvertüre fein hacken. Die Desserts mit je 1 Himbeere und etwas Kuvertüre dekorieren und servieren.

KAFFEE-MUFFINS MIT SAHNEHÄUBCHEN

Der Schmand verleiht diesem Gebäck ein leicht säuerliches Aroma und gibt ihm Saftigkeit. Durch das lösliche Kaffeepulver werden die Muffins zudem zum prima Wachmacher. Garantiert!

Für 12 Stück
20 Min. Zubereitung •
20 Min. Backen
Pro Stück ca. 285 kcal, 6 g E, 16 g F, 27 g KH

---

2 EL lösliches Kaffeepulver
140 g Dinkelmehl Type 630
140 g Dinkelvollkornmehl
3 TL Backpulver
Salz
120 g brauner Zucker
2 Eier (L)
200 g Schmand
6 EL Öl
100 ml Milch (1,5 % Fett)
200 g Sahne
1 Päckchen Vanillezucker
Außerdem:
Kakaopulver, Schoko-Bohnen
12er-Muffinform

VEGETARISCH

1. Den Backofen auf 200° vorheizen. Das Kaffeepulver in 2 EL heißem Wasser auflösen und abkühlen lassen. Die Mulden der Muffinform einfetten oder Papierförmchen in die Mulden setzen.

2. Mehle, Backpulver, 1 Prise Salz und den Zucker vermengen. Die Eier aufschlagen und in einem Rührbecher leicht verquirlen. Schmand, Öl und den kalten Kaffee einrühren.

3. In die Mitte der Mehlmischung eine Mulde drücken, die Eimischung hineingießen und alles nur so lange rühren, bis die Zutaten vermischt sind. Sollte der Teig zu fest sein, nach und nach etwas Milch unterrühren.

4. Den Teig in die Formmulden geben und im Backofen (Mitte) ca. 20 Min. backen, bis die Muffins goldbraun sind. Sie sollten auf Fingerdruck noch leicht nachgeben. Das Blech aus dem Ofen holen. Die Muffins noch 5 Min. in der Form ruhen lassen, dann herauslösen und auf einem Kuchengitter auskühlen lassen.

5. Die Sahne mit dem Vanillezucker steif schlagen. Den ausgekühlten Muffins mit einem Löffel ein Sahnehäubchen aufsetzen, dieses mit Kakaopulver bestäuben und mit je 1 Schoko-Kaffeebohne dekorieren.

SCHOKOMOUSSE MIT AVOCADO

Diese Kombination klingt vielleicht ungewöhnlich, aber das Ergebnis ist unglaublich lecker und cremig. Die Avocado verleiht der Mousse eine seidige Textur und liefert gesunde Fette. Schokolade krönt das Geschmackserlebnis.

Für 2 Portionen
20 Min. Zubereitung • 2 Std. Kühlen
Pro Portion ca. 365 kcal, 5 g E, 28 g F, 23 g KH

1 reife Avocado
2 TL Limettensaft
3 EL Milch (1,5 % Fett)
1 ½ EL Kakaopulver (schwach entölt)
2 EL Ahornsirup
125 g Physalis
5 EL Orangensaft
¼ TL Guarkernmehl
2 TL Pistazienkerne
2 TL Kakao-Nibs

VEGETARISCH

1. Die Avocado halbieren, entkernen und schälen. Fruchtfleisch und Limettensaft in einem hohen Rührbecher pürieren. Milch, Kakao und Ahornsirup dazugeben und kurz untermixen. Die Creme in Gläser füllen und abgedeckt 2 Std. kalt stellen.

2. Inzwischen die Physalis aus den Hüllen lösen, waschen und halbieren. Orangensaft und Physalis in einem kleinen Topf aufkochen.

3. Das Guarkernmehl unter Rühren darüberstäuben, das Kompott kurz aufkochen, in eine Schüssel füllen und abkühlen lassen.

4. Die Pistazien hacken. Kompott auf der Mousse verteilen, mit Pistazien und Kakao-Nibs bestreuen und servieren.

Binden mit Guarkernmehl

Das Bindemittel Guarkernmehl wird aus den Samen der Guarpflanze gewonnen und ist ein hervorragender natürlicher Ersatz für Stärkemehle. Schon kleinste Mengen reichen aus, um Flüssigkeiten zu binden.

Service

BÜCHER, DIE WEITERHELFEN

Bellersen Quirini, Cosima
Joghurt, Quark und Käse – natürlich selbst gemacht
Ulmer Verlag

Jung, Christine
Fermentieren – Superfood aus Omas Zeiten
Selbermachen macht glücklich - Verlag

Storr, Martin; Storr, Constanze
Die geheimen Dickmacher - Wie Medikamente und andere versteckte Ursachen zu Übergewicht führen
Südwest Verlag

Storr, Martin; Babst, Björn
Darmhypnose: Den Reizdarm dauerhaft beruhigen
Trias Verlag

Storr, Martin; Karpe, Sabine
Gesunde Darmflora: Über 100 Rezepte bei Candida-Mykose, Dünndarm-Fehlbesiedlung und Leaky Gut
Trias Verlag

Storr, Martin; Weißbrod, Julia
Darmgesund kochen: Wie die richtige Ernährung Ihren Darm beruhigt
Trias Verlag

Storr, Martin
Der Ernährungsratgeber zur FODMAP-Diät
Zuckschwerdt Verlag

AUS DEM GRÄFE UND UNZER VERLAG

Kirschner-Brouns, Suzann; Kruis, Wolfgang; König, Ira
Abnehmen mit dem Darm

Schaenzler, Nicole; Kittler, Martina
Schnelle Rezepte für einen gesunden Darm

Strehle, Sandra; Schäfer, Christiane
Rezepte für einen gesunden Darm

Storr, Martin; Storr, Constanze
Das Reizdarm-Programm

LINKS, DIE WEITERHELFEN

Bundesverband Deutscher Ernährungsmediziner e.V. (BDEM)
www.bdem.de

Deutsche Gesellschaft für Ernährung e. V. (DGE)
www.dge.de

Verband für Ernährung und Diätetik e.V. | VFED
www.vfed.de

fairment
https://shop.fairment.de
Shop für Fermentierzubehör und fermentierte Lebensmittel

Gefu Küchenhelfer
https://www.gefu.com
Onlineshop mit Fermentierzubehör und Rezepten

Kefiralia
https://www.kefirkaufen.de
Onlineshop für Kefir, Kombucha, Joghurt & Co.

Sachregister

Rezeptregister

Impressum

GU ist eine eingetragene Marke der GRÄFE UND UNZER VERLAG GmbH, www.gu.de

ISBN 978-3-8338-8965-3
1. Auflage 2023

Projektleitung: Barbara Fellenberg
Lektorat: Ulrike Geist
Bildredaktion: Nele Schneidewind
Umschlaggestaltung: ki 36 editorial Design, München, Sabine Skrobek
Layout: ki 36 editorial Design, München, Bettina Stickel
Herstellung: Petra Roth
Satz: griesbeckdesign, Dorothee Griesbeck
Reproduktion: Medienprinzen GmbH, München
Druck und Bindung: Firmengruppe APPL, aprinta druck, Wemding

Umwelthinweis:
Nachhaltigkeit ist uns sehr wichtig. Der Rohstoff Papier ist in der Buchproduktion hierfür von entscheidender Bedeutung. Daher ist dieses Buch auf PEFC-zertifiziertem Papier gedruckt. PEFC garantiert, dass ökologische, soziale und ökonomische Aspekte in der Verarbeitungskette unabhängig überwacht werden und lückenlos nachvollziehbar sind.

Die GU-Homepage finden Sie unter www.gu.de

Bildnachweis:
Cover: Tina Engel
Rezeptfotos Tina Engel: S. 85, 87, 97, 98, 99, 105, 107, 111, 112, 113, 115, 117, 121, 123, 124, 126, 131, 133, 137, 145, 147, 148, 149, 151, 153
Innenteil: Getty Images: S. 10, 24, 38, 46, 48, 54, 80; Istock: S. 8, 18, 53, Icons; GU/Dorothee Griesbeck: S. 16; GU/Pia Bublies: S. 35; © seasons.agency/Gräfe & Unzer Verlag/ Fotos mit Geschmack: S. 68; © seasons.agency/Gräfe & Unzer Verlag/ Kramp + Gölling: S. 127; GU/Katrin Winner: S. 82, 89, 91, 93, 95, 109, 119, 132, 135, 140, 142, 155; GU/ Maike Jessen: S. 100, 102, 103, 129, 143; M. Storr: S. 6_1; Privat: S. 6_2
Syndication: www.seasons.agency

Wichtiger Hinweis
Die Gedanken, Methoden und Anregungen in diesem Buch stellen die Meinung bzw. Erfahrung der Verfasser dar. Sie wurden von den Autoren nach bestem Wissen erstellt und mit größtmöglicher Sorgfalt geprüft. Sie bieten jedoch keinen Ersatz für persönlichen kompetenten medizinischen Rat. Jede Leserin, jeder Leser ist für das eigene Tun und Lassen auch weiterhin selbst verantwortlich. Weder Autoren noch Verlag können für eventuelle Nachteile oder Schäden, die aus den im Buch gegebenen praktischen Hinweisen resultieren, eine Haftung übernehmen.

GRÄFE UND UNZER
Ein Unternehmen der
GANSKE VERLAGSGRUPPE

QUALITÄTS GARANTIE

LIEBE LESERINNEN UND LESER,

wir wollen Ihnen mit diesem Buch Informationen und Anregungen geben, um Ihnen das Leben zu erleichtern oder Sie zu inspirieren, Neues auszuprobieren. Wir achten bei der Erstellung unserer Bücher auf Aktualität und stellen höchste Ansprüche an Inhalt und Gestaltung. Alle Anleitungen und Rezepte werden von unseren Autoren, jeweils Experten auf ihren Gebieten, gewissenhaft erstellt und von unseren Redakteur*innen mit größter Sorgfalt ausgewählt und geprüft.

Haben wir Ihre Erwartungen erfüllt? Sind Sie mit diesem Buch und seinen Inhalten zufrieden? Wir freuen uns auf Ihre Rückmeldung. Und wir freuen uns, wenn Sie diesen Titel weiterempfehlen, in Ihrem Freundeskreis oder bei Ihrem Online-Kauf.

Sollten wir Ihre Erwartungen so gar nicht erfüllt haben, tauschen wir Ihnen Ihr Buch jederzeit gegen ein gleichwertiges zum gleichen oder ähnlichen Thema um.

KONTAKT ZUM LESERSERVICE

GRÄFE UND UNZER VERLAG
Grillparzerstraße 12
81675 München
www.gu.de

GEFU®
Fermentierglas NATIVO
20%
RABATT
auf www.gefu.com
Code: FERMENTIEREN20
*gültig bis 28.02.2025
FOOD
Hype
GEFU – Entdecke
Deine Kochkunst.